東日本大震災以後の海辺を歩く

みちのくからの声

原田勇男

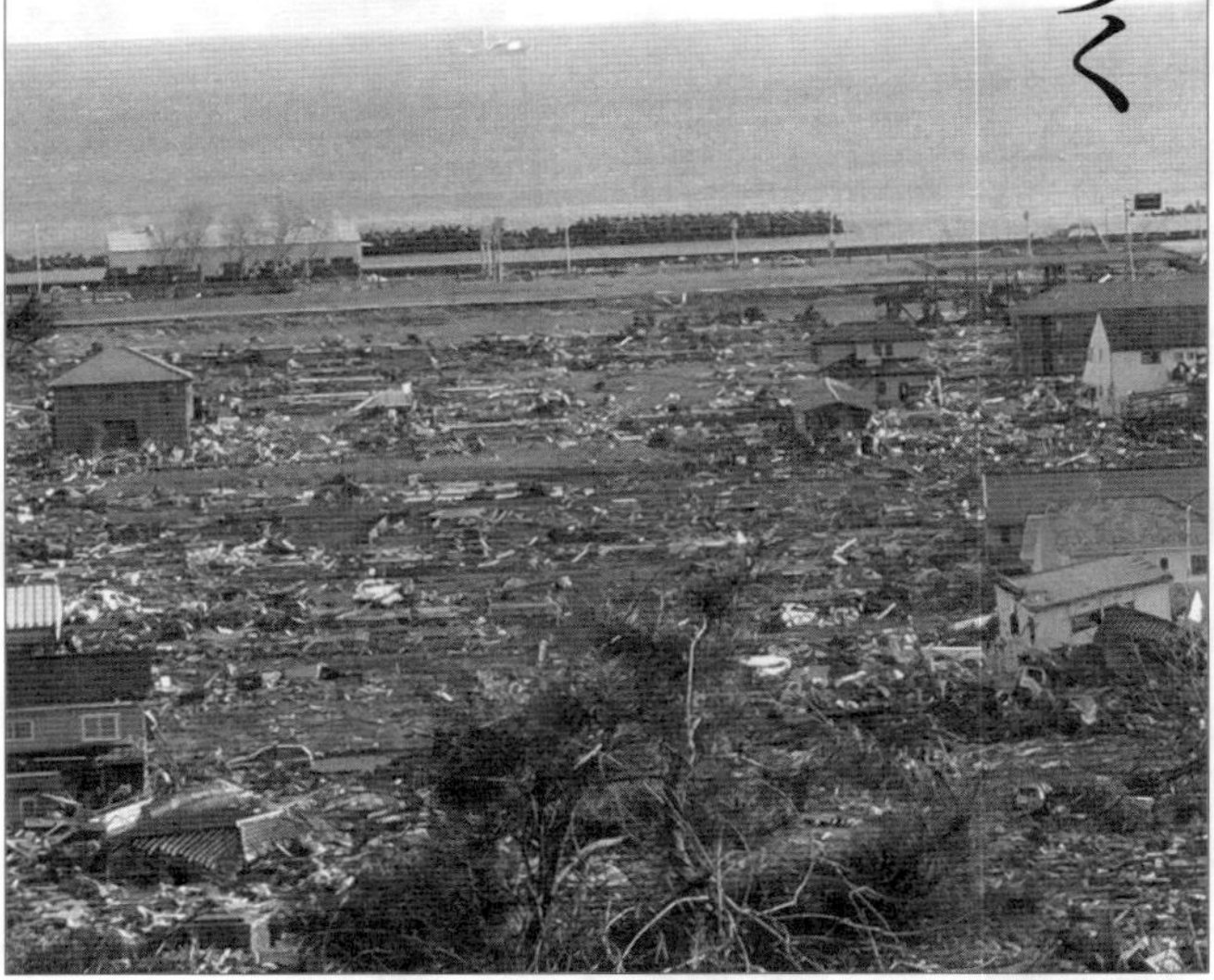

未來社

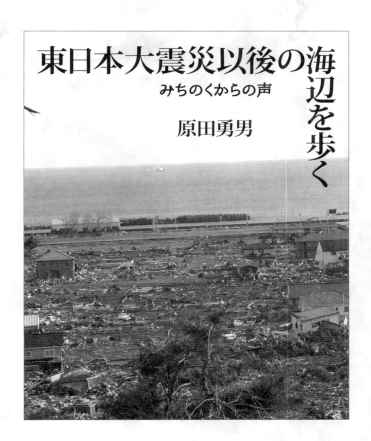

東日本大震災以後の海辺を歩く——みちのくからの声　目次

大自然の脅威と人間の英知

震災直後のコラム

震災と向き合う言葉

みちのくからの声

東日本大震災以後の海辺を歩く——みちのくからの声

装幀——岸　顯樹郎＋FLEX

大自然の脅威と人間の英知

Ⅰ　震災後の昼と夜

一九七八（昭和五十三）年の宮城県沖地震（マグニチュード7・5）を経験しているが、東日本大震災（同9・0）に遭遇したとき、いつもと違う大揺れを感じた。私は仙台市北部・泉区の事務所で編集の仕事をしていたが、ただちに机の下へ避難した。関東大震災を体験した両親に、子どもの頃から机の下へ潜るように教え込まれていたからである。

本や書類が詰まった上段のロッカーを同僚が押さえていたようだが、大音響とともに床へ落下した。同僚に怪我はなかったが、書類ボックスや古い写真のネガフィルムが入った保存箱、スクラップブック、クリアブック、その他のさまざまな物が宙を飛び、床に叩きつけられた。いつもより長い横揺れ、縦揺れが収まったとき、室内は惨憺たる有り様だった。ラジオが五〜六メートルの津波が海岸を襲来すると警告していた。

事務所から隣の団地にある自宅の賃貸マンションに戻ると、外壁のレンガが剝がれ落ちていた。二年ほど前に鉄筋を入れて補強したのにこの有り様だった。玄関を開けると、玄関ロビーから、洋室、和室、ダイニングキッチンまで本や雑誌が散乱し、足の踏み場もないほどだった。大きな二つの本棚が壊れてしまったほか、収納箱に入れて本棚の上に積んでいた雑誌や資料が落下していた。洗面所は洗面台の鏡がついた上の部分が落下。ダイニングキッチンでは皿や茶碗が砕け散っていた。壁は至るところに亀裂が入っていた。

停電のため夜は小さな懐中電灯一本で過ごした。食料は二日目まで食べ残しのフランスパンと野菜ジュースだけだった。暖房が効かないので、ワインと日本酒を呑み、セーターにズボンを履いたままベッドに入った。電池は新しいのに肝心の携帯ラジオが故障していて、情報が入らなかった。携帯電話は充電できず、役に立たなかった。

闇の中で自問自答した。奇妙な喪失感と無力感に苛まれた。私はここにいて何をしているのか。情報がないからはっきりしないが、東北地方は大変なことが起きている予感がした。倒壊した家屋や建物の下敷きになって多くの人が亡くなっただろう。津波が海辺を襲ってたくさんの人が海に流されたのではないか。私には何ができるのか。暗闇の夜は果てしなく長く、焦りと寒さでよく眠れなかった。

朝早く目が覚めると、本と雑誌の上を踏み越えて外に出る。買い出しのためだ。コンビニの前は長い行列ができていた。自分の番がきて中に入っても、ろくなものしか残っていなかった。

コンビニは最初の二日で品物がなくなり、物流の寸断で店は閉鎖された。年寄りの一人暮らしは辛い。毎日寒いなか、スーパーやパン屋などの前で延々と並んだが、在庫が少なく必要な物資はなかなか手に入らなかった。それでも三日目にスーパーでプチトマトとミカンを買うことができた。あまりの美味しさに涙が出そうになった。

断水が続いて、飲み水と生活用水に苦労した。飲み水は最低限の量が残っていたのでなんとかしのいだが、トイレなど生活用水には困った。薬局で約二時間並んで買った大きなペットボトルのジュースやウーロン茶をトイレに流し込んだときは、我ながら情けない思いがした。数日後、小学校の校庭に給水車が来るようになり、飲み水は確保できた。トイレなどの生活雑水は中学校のプールへ汲みに行った。それにしても生きるとは何だろうか。毎日、食料と水を求めて行列していると、人間のくらしの単純さ、それを失ったときの戸惑いを強く実感した。

四日目に電気がついたときは、正直ほっとした。地元紙とテレビなどで初めて大津波の惨状を知った。電話が通じてようやく身内の安否を確かめることができた。遠方から見舞いや励ましの電話が相次いで届いた。昨年（二〇一〇年）秋にもらった米が残っていたが、おかずが手に入らなかった。しかし、幾人かの方々が食料や日本酒、その他のお見舞いを送ってくれた。本当に助かった。

六日後に水道が復旧し、二週間後には食料事情も少しずつ改善された。ガスだけは製造工場が被災し四月下旬まで復旧が遅れた。今回の大震災を経験して、電気や水、食料などをいかに浪費してきたかを思い知った。近い将来、宮城県には大きな地震がくると予想されていたが、それに対する十分な備えをしていなかった。

物書きにとって本と雑誌が増えるのは当然のことだが、地震のたびに本棚から飛び出して部屋中に積み重なるので後始末が大変だ。今回も買い出しや水汲みの合間をみて整理したが、四月七日深夜の余震（マグニチュード7・1）で、三つ目の本棚が壊滅してまたもや部屋は本と雑誌であふれ、その上を越えないと目的の場所へは行けない有り様だ。すべて最初から整理のやり直しとなった。その後も余震が続いているので、本の整理は片づいていない。

また、日本人の忍耐強さと礼儀作法を守る他者への思いやりの精神は健在だと思った。身内や家を失った人々の苦難に向き合う状況のなかで、お互いに助け合う姿は貴いものだった。仙台でも買い出しや水汲みで何時間も行列して並びながら、皆落ち着いて自分の順番がくるのを静かに待っていた。私もその一人だったが、同じ条件のなかで精一杯生きていこうという意志が感じられた。子どもたちもそうした親の姿を見て、その状況を素直に受け入れているのを何度も目撃した。日本人らしい思いやりと共助の精神がまだ生きているのを改めて知ることができた。

私にとって石巻はゆかりの地である。妹夫婦が郊外の田園地帯に住んでいるし、合唱曲の作詩をした関係で音楽関係者の友人、知人が多い。妹夫婦は東京に滞在していて無事だった。家も海から遠い地域にあって、水道が漏水するぐらいの被害で済んだ。石巻の男声合唱団『石巻メンネルコール』団長の西條允敏さん（六七）に電話し、無事を確認することができた。同合唱団の指揮者でオペラ歌手（テノール）の山田正明さん（七〇）とはなかなか連絡が取れないが、西條さんの話によると山田さんの家は海から近い大街道南なので、一階が浸水してしまい二階で避難生活を送っているという。だが、二人の友人と合唱団の団員たちはほとんどが無事だと確認することができて安心した。

話は少し古くなるが、約四〇〇年前に伊達政宗の命を受けた支倉常長一行を乗せて石巻の月の浦から太平洋を渡った木造帆船、サン・ファン・バウティスタ号を宮城県と石巻市が一九九三年に復元、その完成披露記念式典に吹奏楽と合唱曲によるサン・ファン・バウティスタ号賛歌を演奏することになった。音楽は仙台の作曲家岡崎光治さんが担当。私は岡崎さんの推薦で『いま夢の帆は風をはらんで』を作詩した。合唱曲は約六十人の吹奏楽団、約一〇〇人の合唱団、三人のソリストによって十月九日に石巻西港サン・ファン・フェスティバル会場で演奏された。また、石巻メンネルコール創立二十周年記念のために、団歌『歌は心のハーモニー』を作詩（作曲・岡崎光治さん）。二〇〇四年十月三十日の創立二十周年定期演奏会で初演された。

石巻の音楽関係者とはこうした縁で結ばれている。

団長の西條さんは長いあいだ船会社の役員をしていたが、その後、（株）街づくりマンボーという会社を興して代表取締役に就任。三月十一日は午後三時に市の担当者と開発の件で打ち合わせがあり市役所にいた。二時四十六分の地震発生と同時に、西條さんは車を飛ばして高台にある近くの日和山公園に避難したという。「もし少しでも遅れていたら、車の渋滞に巻き込まれて津波に襲われたかもしれません」。その後、西條さんは地獄を見るような恐ろしい体験をした。

「最初の津波はゆっくりして波も高くなく大したことはなかった。しかし、第二波はスピードが早く、高い波が海岸から押し寄せてきた。津波は逃げる人々よりも早く、襲いかかりました。海に近い南浜町ではガスボンベが次々に爆発して、火の海になりました。津波は崖下の門脇町に達し、門脇小学校でもガスが爆発して火災が発生。二、三日は火災が続きました」と当時の様子を語った。

残念な知らせも届いた。最年長（八〇代半ば）の合唱団員で石巻市民合唱団団長でもあった渡辺杏一さん（セカンドテノール）夫婦が行方不明になり、四月中旬現在身元不明のままだ。渡辺さんはサン・ファン・バウティスタ号賛歌を歌ったほか、石巻メンネルコールの定期演奏会に毎回出演。有力なメンバーの一人だった。最初の津波では助かったが、第二の大津波で夫人とともに海に流された。私もお会いしたことがある方なので、胸が詰まる思いである。

震災後十七日目、石巻の被災地を訪ねた。仙台駅は被災のため閉鎖。ＪＲの仙石線も不通なので、石巻行きの高速バスに乗った。両手にたくさんの荷物を抱えた初老の男が隣席に座った。旧雄勝町（現石巻市）出身の漁師だという。本人は一人で仙台に住んでいるが、息子夫婦、娘夫婦と親戚が石巻の避難所にいるという。漁師は悲痛な声で「親類縁者二十人のうち伯母が死んだ。親戚の五人家族が行方不明だ。遺体も見つからない。娘はきょうが二十歳《はたち》の誕生日だというのに……」。私は胸を突かれて、しどろもどろにお見舞いの言葉を述べるしかなかった。

石巻市門脇町の旧北上川沿いにあるメインストリートに、空から降ってきた漁船。

　大津波が石巻を襲ったと知って、漁師は石巻まで自転車で走った。ＪＲ仙石線が不通、バスも運行されていなかった。約五時間かかって石巻に着き、家族の無事を確認した。旧河南町広渕（現石巻市）の避難所まで、また自転車を飛ばしたという。テレビで見た映像の話になり、私が建物の上に乗った漁船の話をした。すると漁師は「あの青い船は兄貴のものだよ」と応じた。漁師の会社は五杯の船を所有していたが、三杯が流され二杯しか残っていない。「いつもなら銚子沖でイワシとサバを獲っているところだが。これからどうなるか」と失業の心配をしていた。石巻市は人口一六万二〇〇〇人で宮城県第二の都市。江戸時代から栄えた日本有数の港町だけに、漁業の復活は石巻の死活問題だ。

高速バスの終点は海とは反対側の大橋の消防署前だった。避難所へ行く漁師と別れて、私は海の方向を目指して歩き始めた。かなりの距離を歩きながら、海からの距離によって被害の実態が異なるのを感じた。最初は床下浸水だった通りが、海に近づくにつれて床上まで浸水していることがわかった。旧北上川に近い門脇一丁目、二丁目からは、がれきが目立ってきた。メインストリートのビルとビルとのあいだに、空から降ってきたように赤い漁船が通りを塞いでいた。至るところでまさにあり得ないことが起こったのだ。

海に一番近い被災地の南浜町と門脇三〜五丁目は、大津波とガス爆発でがれきと化していた。漁師の行方不明になった親戚一家はこの南浜町に住んでいた。「形見でもないかと何回も探したが、なんにも残っていなかった。津波のために家が流されて、どこへ行ったのか、それさえもわからなかった」と漁師は嘆いていたが、その惨状は目を覆いたくなるような有り様だった。ガス爆発で焼失した三階建ての門脇小学校は火事の跡が黒く残っていた。学校の後ろは崖になっていて日和山公園の方角に繋がっているが、そこへ逃げた人を除いて大勢の市民が津波と火事で命を落とした。南浜町と門脇町をさまよい、最後に日和山公園から被災地を見下ろした。

地獄のような光景だった。がれきの彼方に石巻湾の青い海が何事もなかったように広がっていた。

石巻メンネルコールの西條さんに被災地を見たことを伝えると、「いまのありのままの状態を見ていただけたことはいいことです。私たちはここから石巻を復興させたい。必ずやります」と力強く語った。木造帆船サン・ファン・バウティスタ号は石巻市渡波のサン・ファン・バウティスタパークに展示されているが、ロープ二本が切れたものの無事だった。西條さんは「船が残ってよかったですよ。ほっとしました」と安堵の声を上げた。

暗いニュースが多いなかで、明るい話題も生まれた。大震災から約十二時間後、三月十二日午前三時ごろ、石巻の避難所で同市水明北の会社員堀内ひと美さん（三二）は小学校の保健室で駆けつけた四、五人の看護師さんに助けられて長男の陽仁《はると》君を無事出産した。また、二十日午後四時ごろ、門脇町二丁目で倒壊した民家から阿部寿美さん（八〇）と孫の東北生活文化大高一年の任《じん》さんが九日ぶりに救出された。いずれも石巻復興に向けて心温まる話題だった。震災から一カ月、石巻港では魚市場が開き、活気が戻ってきた。復興に向けて新しい第一歩が始まった。

III　仙台市荒浜の海辺で

震災から三週間後に仙台市若林区荒浜を取材した。私は一九六八年に病気療養のため東京から仙台の両親が住んでいる遠見塚に移転した。遠見塚から深沼海岸は近く、貞山堀を散策したり、夏は仙台市唯一の海水浴場として知られる深沼海岸で遊んだりしたことがある。震災後に約二〜三〇〇人の遺体が海に漂っていたという情報を聞いて、私の心は激しい衝撃を受けた。仙台で初めて海を見たのが深沼海岸で、私の仙台生活はこの地域から始まったからである。三十歳を過ぎたころで詩をあえて発表せず、日記風のノートを書いていた時代である。

仙台駅から深沼行きのバスに乗ったが、かなり手前の荒井で降ろされた。徒歩で被災地を目指したが、仙台東部道路を越えると田畑に津波の跡が見えるようになった。農業にとって塩害が心配される事態である。仙台市の調査によれば、仙台東部道路東側の約一五〇〇ヘクタールは、排水機場も全壊するなど被害が深刻で、作付けできるのは四、五年後になるそうだ。農地として復元できるかどうか見定めることになるという。さらに進むにつれて防風林だった松の大木が根こそぎ流されて道路脇や田畑に横たわっていた。屋根が傾いた家が散見されるようになった。道路の右側にコンテナーの「サンテコンティ３６５」が横倒しになっていた。津波の恐ろしいほどの強い力に驚いた。

Ｔ字路で富山県警の警官が交通整理をしていた。海の方へまっすぐ行こうとすると道路がない。「取材だから、真っすぐ行きたい」と頼んだ。「行ってもいいけど、この先はなにもないよ」と言われたが、了解してくれた。固まったヘドロの上、道なき道を行くと、左手に堀が見えた。貞山堀の支流だろうが、泥にまみれたゴミの川だった。後ろを振り返ると、がれきの背後に遠く泉ケ岳が見えた。左手の前方に建物が見えてきた。災害防止の施設らしい。すると何人かの職員が建物から出てきて駐車していた車に乗り込んだ。そのなかの一人が「いま大きな地震があったから津波の恐れがあり、この場を離れるように連絡がきた。あんたも逃げなさい」と忠告された。

低い防波堤の先が海である。以前は密集していた松林が透け透けになってみすぼらしくなっている。あの背後から津波がやって来るのだろうか。突然、恐怖が足元からはい上がってきた。こんなところで死ぬわけにはいかない。右手の後方にコンクリート四階建ての建物が見えた。そこへ向かってとにかく走った。気持ちばかりが焦ってなかなか前に進まない。すぐにでも津波が来そうで気が気でない。ようやく建物の裏に着いた。女性が二人で建物を点検していたので、「地震があって津波が来そうだと言われた」と伝えると、二人とも「なにも感じなかったわ」と言う。そういえば私もそうだった。急に気が抜けた。何をしているのかと聞くと一人の女性が「震災後に学校がどうなっているか、点検にきたのです。こちらが先生です」。

この建物は荒浜小学校だった。「震災のときは学校にいたのですか」と先生に聞くと、「そうです。生徒を連れて屋上へ避難しました」。先生と生徒たちは津波が押し寄せるのを目撃した。

濁流は二階の天井まで届いたという。女先生は「ここから海が見えないほど松林が繁っていたのに、いまはまばらになってしまいました。学校の周りは住宅が建て込んでいたのに、なにもなくなりました」。学校の表に回ってみた。一階の教室には車が二台突っ込んでいた。一台は逆さまのままだ。壊れたオルガンの黒と白の鍵盤が目についた。その近くに円形の柱時計が落ちていた。時計の針は三時五十七分二十秒で止まっていた。

被災地に入ったが、石巻と同様に海に近い住宅地はがれきしか残っていなかった。海が目の前の住宅地は、オゾンを胸いっぱいに吸うことができる恵まれた場所だった。ここの住民は自然とともに生きるくらしを満喫していたのではないか。海の手前には貞山堀の水が流れている。川に沿って絶好の散策路だ。貞山堀は阿武隈川河口の荒浜から塩釜で松島湾に通ずる三十六キロ、幅約二十五メートルの運河。伊達政宗の発案によるもので、往時は米や材木を仙台に運んだ。現在は運河ではなく幅数メートルの川として、釣り場や船遊びの場所になっている。「深沼橋は崩れなかったそうですね」と女先生が言っていた。貞山堀にかかっている昭和十年竣工の小さな半円形の石橋である。貞山堀は岸にがれきが散乱して、まさに泥の川となり、美しい風景は一変していた。橋を越えると被災を受けた魚協の建物があった。魚協の関係者が後片づけをしていた。前面に堤防があり、階段を上がると海が見えた。地震のあとに怒濤の海が荒浜の住宅街を襲った。テトラポッドも防波堤も役に立たなかった。深沼海岸は墓地のように荒涼としていた。

仙台市若林区荒浜の住宅地はがれきの荒野と化した。防風林は以前は密生していたが、倒木が多く、まばらな林だけが残った。

被災地に戻ると、自転車に乗ってきた中年の男性が突然叫んだ。「なにもねぐなったあ。なにも残ってねえ」。自転車から降りた男は呆然とがれきの跡を見つめた。「お知り合いの家をお探しですか」と聞いてみた。「友達二人が家を流されて、行方不明になったと知って訪ねてきたのだが、これでは助からねえ」と肩を落とした。

この男性も津波に追いかけられたという。厄災の日、彼はすぐ近くの若林区蒲生の海沿いでジョギングをしていた。地震に遭遇したとき、彼は立っていられないほどだった。車まで走り乗り込んだ。ハンドルがとられそうになった。カーラジオは津波警報を伝えていた。このままでは危ない。仙台東部道路まで行けば土手に遮られて津波から逃れられる。彼は急いで海辺を離れた。その直後、津波は蒲生の町と住民を飲み込み、同時に隣接する荒浜を襲ったのだ。

二〇〇八年に、私は宮城県洋舞団体連合会のモダンバレエ第四十回記念公演のために作詩を依頼された。テーマは『出港』だった。その年の秋に仙台港と蒲生の町、七北田《ななきた》川河口などを歩いた。年末までに八篇の詩『旅立ちは朝の輝き』を書き、そのうち六篇を各バレエスタジオのダンサーたちが踊ることになった。第四十回記念公演は二〇〇九年十一月十五日、仙台の東京エレクトロンホール宮城で上演された。取材で歩いた蒲生の町は荒浜同様全滅し、多くの人々が亡くなった。その衝撃を忘れることができない。

再び荒浜の被災地。突然、自衛隊の小型トラックが数台、次々に到着した。降りて来たのは避難所から初めて現地を見る被災者の皆さんだった。子ども連れの家族が多かった。被災者たちはそれぞれ自分の家があった辺りで、形見の品を探していた。身内を失いわが家を流された人々に、どんな言葉をかけたらいいのだろうか。私はただ立ち尽くすしかなかった。この人たちが復興に向けて歩きだすにはまだまだ時間がかかりそうだが、少しずつでも立ち直ってほしいと願う。

貞山堀のほとりで砂地の一角に水仙が蕾をつけていた。空では雲雀が高く鳴きながら、曲芸飛行の練習に余念がなかった。季節は何事もなかったようにめぐり、自然の営みは果てることがない。失われた命は帰ってこないが、いつかこの浜にも子どもたちの元気な声が響き、穏やかな表情をした家族連れが楽しそうに散策する姿を見たいものだ。そういう日が必ず来ると信じたい。

Ⅳ　天災と人災

被災から一カ月。あの忌まわしい瞬間から日常を越えた異様な日々を生きてきた。その間何度も繰り返し心に去来した思いは、なぜこんなことが起きたのかという問いだった。大自然の脅威を前に人間の力はあまりにも無力だった。「今後一〇〇年間の計画を立てることはできるが、次の瞬間に何が起きるかは予測できない」と指摘したのは、『ＥＱ～こころの知能指数』を書いた心理学者ダニエル・ゴールマンのインタビュー記事のなかに出てくるインドの賢人だ。まさに、突然の悲劇が東日本の海岸を中心に大きな被害をもたらした。

今回の厄災を体験して、なにか人知を超えた信じられないことが起こったような気分にとらえられている。この地球上に人類が誕生して以来、人間は大自然の中で他の動物たちと同じように、ささやかな営みを続けてきた。しかし、人間が他の動物たちと異なるのは、本能によって生きるのではなく自立の精神を身につけたことだが、一方で自然を克服したかのような錯覚に陥っていたのではないか。そんな思い上がった人間に対して、大自然が脅威の鉄槌を打ち下ろしたのかもしれない。今回の厄災はそうした大自然の逆襲だったのではないかと思う。

人間はいつからかさまざまな文明の利器を身につけ生活を豊かにしてきた。一方で国と国、部族間同士の紛争の歴史を繰り返し、核兵器を頂点とした武器の製造に大量の資金と歳月を費やしてきた。同じくダニエル・ゴールマンのインタビュー記事から引用すると、アインシュタインは「核分裂が、人間の思考方法以外のすべてを変えてしまったせいで、われわれは前代未聞の破局へ向かっている」と語っているが、福島第一原発の危険な事故はまさに人間が破滅に向かっている状況を現わしているのだと思う。

大地震や大津波は天災だが、原発事故は地震や津波によって誘発されたとしても、明らかな人災である。わたしはチェルノブイリやスリーマイル島の大事故以来、原子力の平和利用に関する安全神話についてずっと疑問をもってきた。たとえ平常時は安全でも、人知を超えた異常事態が発生したとき、人間の知能と技量はそれに対処できるのかといつも疑問に思ってきた。原子力はもろ刃の剣で一度大事故が起きれば周辺の住民だけでなく、世界中の人類に致命的な厄災をもたらすということを、関係者は認識していないのではないか。今回の東京電力や政府の事故対応を見ていると、その危機意識や技術力が決定的に欠けていると言わざるを得ない。

そしていつも犠牲になるのは名もない庶民である。なんの罪もない人々が身内を亡くし、家を流され、不幸のどん底に追いやられている。被災者たちはささやかなくらしのなかで、先祖を敬い、肉親を愛し、隣近所や仕事先の人間関係を大切にして、つつましく生きてきた。それがどんな因果があって、すべてを失わなければならなかったのか。特に、福島県の人々は地震と津波だけではなく、原発事故や風評被害までも押しつけられて、流民のように故郷を追われている。理不尽な仕打ちと不条理な人生に直面している庶民を救うことが、まず第一になすべきことではないか。だが、いつの世でも施政者や大企業の施策は人々の悲惨な現実に届いていない。

いまこそわたしたちは大自然に対して畏敬の思いを新たにし、人間の英知で世界を再構築すべきではないだろうか。そして突然いのちを奪われた数多くの子どもたちがいたことを忘れてはならない。無限の可能性とまっさらな未来を失ったいたいけな子どもたちのことを考えると胸が痛む。彼らのいのちを守れなかったのはわたしたちの責任である。この子たちの永遠に失われた未来を弔うためにも、わたしたちは復興へ向けて第一歩を踏み出さなければならない。それがいのちを奪われた死者たち、いまだに行方不明の人々に対するせめてもの供養になるのではないか。自分のできる範囲で復興のために手を差し伸べること。時間はかかるだろうが、そこからすべての歩みが始まるのだと思う。

震災直後のコラム①

自然と文明のバランスを

震災直後、懐中電灯一本の闇の中で、私は強い衝撃と脱力感を同時に味わった。端的に言えば自分が生きている時代に、死者と行方不明者の合計が二万五〇〇〇人を超える（五月五日現在）大災害に遭遇したショックであり、私は生き残っていいのか、私には何ができるのかという根源的な問いである。その思いは震災後五十五日を過ぎても変わらない。震災を境に世界が変わった。私はこれから何を心の軸にして生きていけばいいのか。

震災四日後、電気が復旧して、初めてテレビの映像で巨大地震と大津波、福島第一原発事故の実態を知った。テレビで繰り返し放映される壊滅したがれきの町、津波に呑まれる海辺の地獄絵、泣き叫んだり呆然と立ち尽くす被災者、厳しい避難所でのくらし、水素爆発や飛び散った放射能、汚染水で制御不能に陥った原発危機、立ち入り禁止や避難を余儀なくされた周辺の住民。私は自らの拠って立つ位置を求めて不安な日々を過ごした。

水の確保や食料の買い出し、三つの本棚が壊滅した自宅の整理など、非日常の事態に対応していると、瞬く間に二週間が過ぎた。十七日後に縁のある石巻市、三週間後には仙台市若林区荒浜を取材、凄まじい被害を目の当たりにして衝撃を受けた。被災地の現実は想像以上に深刻だった。全国からさまざまな支援が入り、復旧への歩みは始まったが、地域の立ち直りまでには長い時間と労苦が伴うだろう。

震災は生と死の極限を露わにした。生死を分けたエピソードも数知れない。十メートルの防波堤を過信して多くの人々がなくなった三陸の町。防災無線で避難を呼びかけ多くの町民を救ったあと、津波に呑まれた南三陸町の女子職員。大勢の住民を救助し亡くなった名取市・閖上《ゆりあげ》の三人の消防士。ほかにも心に残る献身的な行為が数多くあった。

テクノロジーの発達で文明は爛熟してきたが、人類の思い上がった愚行から地球の生態系は危機に瀕している。人類は先人のように大自然を敬う心を喪失した。地震と津波への備えを万全にし、いまこそ大自然の脅威や恵みに寄り添いながら生きる術を取り戻すべきではないか。原発事故などはもってのほかだ。核廃絶、脱原発がこれからの課題だろう。人知を超えた大震災のなかで、これから人間の英知を結集し復興を目指さなければならない。自然と文明のバランスを考え、いかに復興への歩みを進めるかが問われていると思う。

震災直後のコラム②

宇宙からの通信

震災から二十日後の夜、知らない人からファックスが届いた。「初めまして、何かおこまりのことはないでしょうか？　何か欲しい物など、ございましたら、ご遠りょなくおっしゃってみて下さい」（原文のまま）。文末に（福岡）山本哲也　長女、池田美保とあった。二〇〇八年春に亡くなった詩人、故山本哲也さんの娘さんからだとわかった。

山本さんは同世代の詩人として敬愛していた。十年前に仙台を訪れた詩人と会い、居酒屋で談論風発の夜を過ごした。生前会ったのはこの一回だけだが、私にとって山本さんの詩作品と評論は大きな刺激と励みになっていた。それだけに突然の訃報にショックを受けた。私は夫人あてにお悔やみの手紙を送り追悼詩を書いた。仕事の関係で葬儀に出席できなかったのはいまでも心残りである。

山本さんの詩のなかで、「鳥がきた日」（詩集『冬の光』所収、一九七九年、七月堂）という作品が好きだった。

あの鳥だ
娘は鳥類図鑑をかかえて
妻は双眼鏡をもって
二階へかけあがっていったから
こがら　しじゅうがら　いわひばり
その何日かまえは　ひがら　しろはら
さてきょうは
るびたきとでも名づけられる運命にある
あの鳥
（中略）
娘は人間のことばで鳥とはなす
鳥さん鳥さん鳥さあん
あの鳥ほら　向きをかえた
光が一瞬かたちをあらわしているのだ
じぶんが鳥だってことを思いだしているのだ
（後略）

私は「暗喩の鳥」を主題に山本哲也論を書いた。詩のなかに出てくる娘さんの様子が微笑ましい。その娘さんが美保さんなのだろう。被災した私にあてて心のこもった気遣いをしてくださった。食料難も解消し以前とあまり変わらない日常が戻ってきたので、欲しい物は特になかった。お礼のファックスを送り謝意を伝えた。そして、私はふと思った。宇宙のどこかで山本さんが娘さんを通して見舞いの心を示してくれたのではないか。それは宇宙からの不思議な心安らぐ通信だった。

震災と向き合う言葉①

鎮魂と地域再生

特別名勝松島の東側に位置する東松島市は市街地、住宅地の六〇％が津波で浸水した。二〇一一年七月三十日現在、死者一〇四二人、行方不明者一一二人。死者の数は石巻市、陸前高田市に次いで三番目に多い。宮戸地区はノリやカキ、ウニなどの養殖地だが、施設が破壊され特別名勝の美しい景観も損なわれた。市内の田畑は塩害で深刻なダメージを受けている。

仙台と石巻を結ぶＪＲ仙石線は、震災後四カ月半を過ぎても松島海岸～矢本間が不通で復旧の見通しは立っていない。代行バスを利用し野蒜《のびる》駅前で降りた。駅は二階のフロアが斜めに陥落して、改札口をふさいでいた。洲崎浜へ向かう道の両側にあった松林は津波によって消滅した。ここは松島の景勝から少し離れているので「余景《よげ》の松原」と呼ばれている。名づけ親は伊達四代綱村だが、いまは一面の荒れ地と化した。

その昔、有名な野蒜海水浴場の民宿に泊まり、夏を過ごしたことがある。洲崎浜から松島寄りの美しい砂浜だが、津波はすべてを奪い去った。洲崎浜と鳴瀬川河口に位置する野蒜新町地

津波で壊滅した東松島市野蒜新町地区

区は、浜と川の双方から津波に襲われ、二六〇世帯の人々を飲み込んだ。気象庁気象研究所のデータによると、東松島の津波の浸水高は十・三メートル。浜から防潮堤を越えた津波の破壊力は凄まじくほとんどの住居は基礎の部分しか残っていなかった。

再び代行バスで矢本駅に降りた。近隣の桃生郡河南町広渕（現石巻市）に妹夫婦の家があり、孫の面倒をみる両親が同居していた。年末から正月には矢本駅で下車しタクシーで帰省した。両親は他界したが、矢本駅は私にとって懐かしい場所である。隣の東矢本駅から海に向かった。横沼から大曲にかけての広大な稲田は、雑草とがれきで覆われていた。

大曲市民センターの道路脇で逆さまになった「第2竹丸」を見た。船体に赤い色で書かれた「ガンバロー大曲」の素朴な文字が胸を打つ。北上運河の大曲浜新橋を越えると、道路が陥没し浸水で前へ進むことができなかった。大曲浜の住宅地は壊滅状態。クレーン車の工事音の奥から津波に消えた人々の慟哭と怨嗟の声が聞こえるような気がした。

東松島市は人口約四万三〇〇〇人のうち、一五一〇人が八十九カ所の避難所に身を寄せていた。現在では二十六カ所、五五六人に減少し、まもなく避難所を閉鎖するという。市では『復興まちづくり構想図案』を作成。防潮護岸の内側に海岸防潮林と嵩上げ道路を建設し、海沿いの住宅や学校、公共施設を市街地に移転する計画を立案。年内には『最終復興まちづくり計画』を完成させる方針だ。

どうしてこのような厄災が東日本の各地を襲ったのか。答えの見つからない理不尽な状況のなかで、人々は生きていかなければならない。被災地を訪れるたびに鎮魂の思いと早急な地域再生を願うのみである。いま問われているのは震災と向き合う言葉であり、被災者の心情と望みをいかに伝えるかが重要だ。

震災と向き合う言葉②

人々の魂に響くもの

お盆の季節。宮城県名取市を訪れた。死者は約一〇〇〇人。閖上《ゆりあげ》地区は津波で壊滅的な被害を受けた。海に隣接する住宅地は基礎しか残っていない。海と周囲の被災地を見渡す鎮魂の丘・日和山は卒塔婆が立ち並び、合掌する人々の姿が胸を打つ。突然、ゴスペルの混声合唱が響いた。『なとり鎮魂灯籠流し』のイベントに全国から参加した歌い手が海に向かって追悼の歌声を捧げた。関係者は「歌の力で鎮魂の思いを伝えたかった」と語った。

夜になると、破壊された生協前の広場で、鎮魂のキャンドルライトが灯された。中年の姉妹が手を合わせながら涙を流していた。三女と弟の妻が行方不明のまま未だ見つからない。ショックを受けた親族の高齢者が三人も亡くなった。閖上中学校の前では一〇〇〇基余りの灯籠が作られ「光の道」が設けられた。さまざまな絵と「絆」「感謝」「勇気」などの言葉が書かれていた。灯籠は名取川の河口から光の帯となって海に流された。

震災から約六カ月が過ぎ、地域によってばらつきはあるが、被災地の人々は少しずつ前向きに目の前の現実と取り組んでいる。被災者の言葉にも変化が表われてきた。ある被災者は「いつまで嘆いていても始まらない。これからどう生活を立て直すかが大事だ。いのちを失った人たちの分まで、おれたちは力強く生きなければならない。それが亡くなった方への供養にもなるだろう」と話していた。

お盆の夜に海へ流された灯籠。閖上《ゆりあげ》中学校前

被災地を訪れ被災者に会うたびに、政府や大企業の発する言葉に不信感を抱いていることがよくわかる。救済の施策は後手にまわり、原発事故をめぐる東京電力や原子力安全保安院の説明は表層をなぞるだけで肝心の事実は隠されている。あとになって漏れてくる重大な過誤。現地の実態を知らない施政者や原発関係者の言動は被災者たちの神経を逆なでにする。言葉の軽さ、安易さが問われている。

作家の小池真理子は画家・横山智子の銅版画に寄せて「たとえ明日、世界が崩壊するとわかっていても画家は絵を描き、音楽家は音楽を奏で、詩人は詩を紡ぎます。そしてもちろん小説家は小説を書きます。そうして生み出されたものは、必ずや人々の魂に響いてくると信じます」というメッセージを発している（「河北新報」五月二十八日付朝刊）。美しい言葉である。そうありたいと思う。しかし、いま詩を紡ぐとはどういうことだろうか。

震災から二、三週間後に被災地に入った私は、津波に襲われガス爆発で焼き払われた地獄絵図のような光景を見たとき、言葉を失って立ち尽くすことしかできなかった。その直後から震災を題材にした幾篇かの詩を書いたが、まだ何事も表現していないように思う。それだけ現実の重みは表現の領域をはるかに超えて、それと向き合う者を圧倒する。当然のことだが、詩に関わる者の言葉もまた内実を問われているのだ。現実の表層をなぞるのではなく、さらに魂の深みへ向かって人々の心に響く言葉を発したいと願っている。

震災と向き合う言葉③

国際交流と言葉の力

震災から六ケ月目の九月十一日、私はインドのニューデリーにいた。国際交流基金ニューデリー日本文化センター（遠藤直《なお》所長）の主催による「言葉の力・追悼と復興への祈り～東日本大震災六ケ月祈念印日詩歌の会」（インド国際センター）に招かれたからだ。日本からは歌人で国際啄木学会会長の望月善次《よしつぐ》氏（団長、盛岡大学学長）をはじめ、歌人の松平盟《めい》子、俳人渡辺通《みち》子と照井翠《みどり》の各氏、現代詩の私と友人の音楽家只野《ただの》展也《のぶや》氏が参加。震災を主題にした自作の朗読と音楽の演奏でインドの詩人たちとの交流を深めた。

インドと日本の文学者たちの作品を収録した小冊子

朗読は一連ごとに通訳の的確でわかりやすい英語を通じて（私の場合はケイト・ストロネルさん）、聞き手の心に伝わったと思う。インドの詩人たちは『日はまた昇る――東日本大震災被災者に捧ぐ追悼の詩』という詞華集《アンソロジー》を編集制作し、約三十人の詩人が被災地の映像とともに震災の詩を朗読した。ヒンドゥー語、英語、日本語と言葉は異なっても、被災者を思う気持ちに国境はない。まさに「言葉の力」による魂の交流が実現した。

帰国後、私は被害の大きかった気仙沼市を取材した。市中心部北東の鹿折《ししおり》地区は、十二メートルを越える津波が海岸から一・五キロ離れた国道四十五号線まで押し寄せた。その後、火災が発生しＪＲ大船渡線の鹿折唐桑駅一体を包み込んで二日間にわたって燃え続けた。現地はがれきの集積作業が行われているが、貨物船などはそのまま放置されている。

魚市場、漁協冷蔵庫などがある臨港地区も壊滅的な被害を受けた。復旧工事は進まず浸水したままの被災地では、荒廃した建物やがれきの山が取り残されている。一部の情報によれば、魚市場が復活しサンマ漁の漁船が出港したなどと伝えられたが、魚を獲っても冷凍できないのが現状だ。ここにも復旧の遅れによる言葉のまやかしがある。水産都市の復興がいつになるのか見通しは立っていない。

私の本籍地は石巻市である。震災直後の凄惨な地獄図絵を見たが、石巻出身の作家辺見庸氏は真摯に問いかける。「この凄絶無尽の破壊が意味するものはなんなのか。（中略）非常事態の名の下で看過される不条理に、素裸の個として異議をとなえるのも、倫理の根源からみちびかれるひとの誠実のあかしである」(『水の透視画法』)。彼はこの現実を直視し、混沌とした発語の闇と対峙する。

辺見氏の詩〈死者にことばをあてがえ〉は衝撃的だ。「わたしの死者ひとりびとりの肺に/ことなる　それだけの歌をあてがえ(中略)/夜ふけの浜辺にあおむいて/わたしの死者よ/どうかひとりでうたえ/浜菊はまだ咲くな/畦唐菜《アゼトウナ》はまだ悼むな/わたしの死者ひとりびとりの肺に/ことなる　それだけのふさわしいことばが/あてがわれるまで」。死者には数字で表わせない固有の人生がある。死者一人ひとりの肺に、異なる歌をあてがうのは不可能に近いが、詩に携わる者は言葉の力によって表出の根源へ迫るしかないのだ。

インドの詩人たちと震災詩を朗読

――東日本大震災六ケ月祈念詩歌の会

インドへ初めての旅をした。夜のガンジス河に浮かぶ舟の上から、白い布に包まれた遺体が河底に沈められる光景を見た。ヒンドゥー教では聖者の遺体は火葬しないそうだ。人生を超越しているからだという。ふいに地震や津波で亡くなったおびただしい犠牲者のことを思った。人生を達観するどころか理不尽にも断ち切られた命。朝になると河畔は現世の汚れを浄めるために沐浴する人々であふれた。生と死が交錯する神秘の国インド……。

旅の目的はニューデリーのインド国際センターで震災の詩を読むことだった。東日本大震災発生から六ケ月目に当たる九月十一日、国際交流基金ニューデリー日本文化センター（遠藤直所長）と「あこがれの会」が共催する「言葉の力・追悼と復興への祈り～東日本大震災六ケ月祈念印日詩歌の会」に出席、インドの詩人たちとの国際交流を果たした。

今回の催しは、震災の犠牲者を悼み被災地を励まそうと震災の詩を書いたインドの詩人たちが詞華集「『日はまた昇る』～東日本大震災被災者に捧ぐ追悼の詩～」（日印文化文学協会）を刊行、被災地の私たちを招いて朗読会を開いたものである。インド側は詩人、作家、文学研究者など約三十人が出席。円形のテーブルを囲んで有意義なひとときを過ごした。

アンソロジーを共同編集したウニタ・サチダナンドさん（詩人、デリー大学准教授）の司会で始まり、ヒンディー文学の重鎮で著名な詩人のクンワル・ナーラーヤン氏がヒロシマ、ナガサキの悲劇に匹敵する今回の震災に触れた詩「不死鳥」を朗読。「日本の人々が不死鳥のようによみがえる」ことを祈念して、全員で震災の犠牲者に黙禱を捧げた。

ニューデリー・インド国際センターの朗読会会場

　日本からは国際啄木学会会長の望月善次氏（盛岡大学学長、歌人の筆名＝三木与志夫）を団長に六人が参加。望月氏は岩手県釜石市の津波の映像や福島第一原発事故の写真を紹介し、被災者への思いをこめた基調報告と震災の短歌『言葉が出ない』の連作を詠んだ。そのなかの一首は「吐く息と吸う息の間《ま》の奥深く　逝きし人らの声蘇る」。まさに津波の悲劇と向き合った哀切な歌である。

続いて歌人の松平盟子さん（「プチ★モンド」主宰）が東京で体験した震災と被災者への思いを題材に三十首の短歌を発表した。いずれも格調高く心情のこもった作品が印象的だった。現代詩の私は被災地の写真を公開しながら震災の詩三篇を読んだ。ケイト・ストロネルさん（ネール大学日本語学科留学中）が英語で通訳してくれた。その後、インドの有名な詩人スレーシュ・サリル氏が詩『生の勝利は必然なのだ』を朗読した。

俳人の照井翠さん（釜石）と渡辺通子さん（仙台）はそれぞれの被災体験をベースに、シャープな感性と鎮魂の思いをこめた震災の句を読んだ。日本の詩歌人の朗読を音楽で支えた只野展也氏がシンセサイザーで三曲を演奏。最後に復興への思いを歌い上げた「ゴーアヘッド」を演奏し拍手喝采をあびた。

インドの詩人たちは被災地の映像を流し震災の詩を朗読。主な作品はマングレーシュ・ダブラール「日本・二つの詩」、ワルヤーム・シン「津波―ひとつの教訓」、ガンガー・プラサード・ワィマル「最大の悲劇」、プラヤーグ・シュクラ「真新しいその姿に、初めまして!」、ウィノード・バールドワージ「母の手紙」、ランジート・サーハー「生まれぬ夢から…」、アンワル・パーシャー「日本の国民のためのガザル詩とナズム詩」など。

ウニタ・サチダナンドさんは「荒れ地は再び町となるだろう」という詩のなかで、「この荒れ地は再び町となるだろう／再び緑がやってくるだろう／再び微笑みが戻って来るだろう／そして再び生まれて来るだろう／何らかの形で／今日我々が失ってしまった人々／半分の人生を生きて死んでしまった人々」（高倉嘉男訳）と呼びかけた。

インドの詩人たちの犠牲者に対する追悼の思いと原発の不安や安全な世界を希求する姿勢に共感を覚えた。朗読は六時間にも及んだが、静かな熱気のなかで充実した会になった。

台日文学者交流会に参加して

東日本大震災の復興を祈念する台湾と日本の文学者交流会（主催・台北駐日経済文化代表処、共催・国際啄木学会）が六月九日から三日間、岩手県盛岡市を中心に行われた。昨年（二〇一一年）九月、インドのニューデリーで行われた「言葉の力・追悼と祈り～東日本大震災六ケ月祈念印日詩歌の会」で団長を務められた望月善次氏（国際啄木学会会長、盛岡大学学長、歌人）から再び参加の依頼があり、被災地を代表する詩人の一人として招かれた。初日は岩手大学で講演会が行われ、主催者の林水福氏（台北駐日経済文化代表処・台北文化センター所長）と望月善次氏が挨拶。盛岡在住の作家・齋藤純氏（もりおか復興支援センター長）が「文学者が見た東日本大震災」と題して、また台湾の詩人・陳義芝氏（台湾師範大学副教授）が「台湾文学の現状」について講演した。

齋藤氏は「被災直後、作家はなにもできないという無力感に襲われた。その無力感から逃れるために支援活動に入った」ときっかけについて語った。また、沿岸部で学んだことは「漁師は沖に出たら何かあれば帰ってこられない仕事であり、畑で働く人との生活の違いが死生観の違いになっている。だから海を恨んだりしない。海と向き合って何千年も生活してきたから、沿岸の町がなくなったらまた造ればいいと考える。内陸の人間とはそういうメンタリティが違う」と貴重な体験談を話した。陳義芝氏は台湾文学の歴史と現状について説明。特に「詩人の美的感覚と社会への関心」では、現代の詩人が社会問題に注目したり被災の悲しみを表現することで、文学の意味や力を顕現させている点を強調した。今回来日した団長の陳義芝氏をはじめ、向陽、白霊、女流の陳育虹の各氏は台湾を代表する一流の詩人たちである。陳義芝氏は「私たちは三日間を大切に過ごしたい。見たこと、感じたことを台湾の皆さんに伝えたい」と述べた。その夜は同大学で楽しい歓迎会。私の友人で仙台のミュージシャン只野展也さんがシンセサイザーでオリジナル曲を演奏し会場の雰囲気を盛り上げた。

六月十日はバス実地研修に参加。「岩手の文学の原風景を見る」と題して、啄木研究家で国際啄木学会事務局長森義真さんの名ガイドで石川啄木記念館、宮沢賢治記念館、盛岡城跡公園など、啄木・賢治ゆかりの地巡りを満喫した。この夜、盛岡のプラザおでってホールで「2011・3・11　東日本大震災復興祈念　音楽を交えた台日文学者交流　作品朗読会」が開かれた。台湾訪問団側を代表して台湾の詩人向陽氏と共催者を代表して望月善次氏が挨拶した。作品朗読会では台湾の詩人向陽氏が「大暑」を読んだ。この詩には愛情を失った夏の思い出が優れた言語感覚で表現されていた。続いて、盛岡の歌人柏崎驍二氏が「歌十首」を朗読した。

「渋民を出でてかへらぬ一人ありひばの木に降りし百たびの雪」(歌集『百たびの雪』より)。啄木に思いを馳せた美しい歌である。このあと、松園シルバー・ダックスが男声合唱五曲を演奏した。

再び台日文学者の朗読。東京の詩人谷口ちかえさんは「そのとき　わたしは…」を読んだ。旧満州奉天の生まれだけにアジアの大地や民族、父への思いなど壮大なスケールの詩篇である。台湾の女流詩人陳育虹さんが「ただ一本のか細い山桜」(佐藤普美子訳)を朗読。頭韻を踏み、発音の強弱をつけ、テンポを自在に操りながら、ただ一本のか細い山桜が裏庭から天空、山、宇宙全体を占領し、やがて枯れていく情景をいきいきと表現した。被災地岩手県釜石市の俳人照井翠さんは『釜石　震災から一年』から十句を読んだ。「漁火や海に逝きしは海に棲む」「彼岸花全く足らぬまだ足らぬ」。台湾の詩人白霊氏は短い詩「一瞬の海」「塡《うめつくす》」「演化」を読んだ。「塡」はわずか五行で虚ろな心の空間を表現。筆者は震災の詩「雨は灰とともに」を読み、女流小説家林黛嫚さんが小説『遊戯規則』(ゲームのルール　横路啓子訳)の一節を朗読した。

休憩後に只野展也さんがシンセサイザーで震災の曲を演奏。東京の歌人松平盟子さんが「水《みず》含《ぐ》む力」十首を朗読した。三月十一日「荒海を陸へぶちまける大津波テレビの前から這って逃げ出す」。津波の恐怖が歌人の身体をも突き動かした作品だ。福島第一原発から水蒸気が立ち上がり、日本中がおののいた。「日本は破船のごとし揺れながら傾きながらお海に浮く」。先行きの知れない日本列島に生きる不安な日本人。翻訳家で輔仁大學副教授の横路啓子さんは頼和の詩「南國哀歌」を日本語訳で朗読した。戦争をテーマにした鮮烈で痛ましい作品が印象的だ。盛岡の詩人森三紗さんは「わが高田松原」を朗読。小学生のころ高田松原で遊んだ思い出と震災で壊滅した松原の悲劇を見据えた作品。台湾の詩人で訪問団団長の陳義芝氏は父と最後に過ごした湖の思い出を書いた美しい鎮魂の詩「四月二十一日・大埤湖」と「哀歌」を読んだ。仙台の俳人渡辺通子さんは「生きてをり」を朗読した。「白鳥の吐く息白し生きてをり」「放射能吸いし稲穂と言はれけり」。フィナーレでは「ふるさと」を会場全員で合唱した。

台湾を代表する文学者のみなさん

　六月十一日はバスで釜石市、大槌町の被災地を訪ねた。このあと、大槌高校（山形守平校長、生徒数三〇一人）で生徒たちとの交流会が開かれた。主催者を代表して詩人の陳義芝さんが挨拶。「釜石と大槌の沿岸で海を風を感じて涙が出た。まだ帰らない魂があるのではないか。災難は自ら体験してみないとわからない。そのなかで文学者の役割は大きい。若い皆さんが文学を好きになって、心が豊かになることを期待します。皆さんが幸せであること、未来が明るいことを祈ります」と語った。

池田功国際啄木学会副会長が「国際啄木学会台北大会の意義」について講演。啄木は国内だけでなく国際的にも高い評価を受けている現状を紹介した。国際啄木学会は一九九〇年に発足。これまで韓国、インドで国際会議を開いたほか、本年五月に台湾で三回目の台北大会を行った。啄木の作品は英語、ドイツ語、フランス語、ロシア語など十四の言語、十七カ国で翻訳されている。池田氏は啄木が二十六歳二カ月の短い生涯のなかで、国際的な視野に立ち日韓併合や辛亥革命に対しても自分の意見を述べている点に触れて、こういう東南アジアへの関心が啄木の国際性を特徴づけているとした。また、国際啄木学会では台湾大学の図書館に啄木に関する辞典や研究書を寄贈し、啄木コーナーで紹介されている。今後若い研究者や愛好者が増え、日本と台湾との交流が盛んになることを祈念した。

大槌町には台湾から多額の義援金が寄せられ、大槌高校の生徒四十人が五月に感謝の気持ちを伝えるため台湾を訪問した。参加した東海佳菜さん、大和田佳苗さん、小野友也君（いずれも二年生）がそれぞれ感想を述べた。続いて台湾の詩人向陽さんは台湾の地震体験を語り、「復興に向けて一歩ずつ進んでほしい」と励ました。輔仁大學日文系副教授の横路啓子さんは「台湾と日本には複雑な歴史がある。単純ではないが、それをとらえるようにしてほしい」と話した。

日本詩歌人の作品発表では宮下恵美子さん（俳人、東京）が「俳句十句」、山下正彦さん（詩人、北上）が「やぶつばき」、東海洋子さん（詩人、北上）が「三月十一日の午後」、松崎みき子さん（詩人、陸前高田）が「反射」を朗読した。また、台湾の詩人陳育虹さんは「詩は私たちに何を与えてくれるのでしょうか。私の答えはいのちを大事にしなければいけないということです」と語った。台湾の詩人白靈さんは被災地を訪ねた印象から、詩「その手に敬意をこめて」を書いて朗読した。この詩は大変優れた作品で生者と死者が魂の交感を通してお互いに敬意を払う見事な作品だった。帰りのバスの中で横路啓子さんの通訳を通して白靈さんに作品のコピーを所望したが、作品はまだ執筆の途中なので、完成したら送ってくれることになった（後に届いた）。お互いの詩集、詩誌を交換し、今後とも交流を深めることにした。

今回の交流会で最も印象に残ったのは被災地を訪ねたことと、台湾を代表する詩人の作品を読むことができたことである。釜石市の根浜海岸は「日本の白砂青松百選」の一つに選ばれたことがある景勝地で、釜石を代表する海水浴場だった。地元ボランティアガイドの藤原信孝さんによると、十八メートルの津波が押し寄せ、六・四メートルの防波堤は無残にも崩壊した。川を約三キロ遡った津波は鵜住居《うのすまい》町を襲って、地域は壊滅状態に陥った。約一七〇〇戸の家が流され、約六〇〇名が亡くなった。ＪＲ山田線の鵜住居駅付近はプラットフォームも線路も流され、わずかにホームのコンクリート跡が見られるだけの荒涼とした空き地になっていた。近くにあった防災センターには約一〇〇人が避難したが、二階まで押し寄せた津波のために建物内で六十八名が死亡した。空き地の至るところに遺体があった場所を示す黄色の旗が立っていた。空も海も青く光っているのに、吹く風は死者たちの冷気をはらんでいるようで薄ら寒く感じられた。

地震発生当時、鵜住居小学校と釜石東中学校には八十三名の子どもたちがいた。子どもたちはいつも訓練していた通り、約七〇〇メートル先の避難所へ向けて走った。五五〇メートルほど走って振り返ったとき、学校の三階までが津波に飲み込まれるのを見た。子どもたちは最初の避難先からさらに遠方の高速道路の土手付近まで逃げて助かった。藤原さんは津波の教訓として、「子どもたちは防災訓練で教えられた通り、素直に実行して助かった。しかし、大人はそうではなかった。津波はここまでは来ないだろうという前例にとらわれ避難が遅れた。この地域一体には『てんでんこ』という言い伝えがある。津波がきたらてんでんばらばらに逃げろという教えだが、震災に対するこうした心構えが大事です」と話を結んだ。現地でしかわからない貴重な体験談である。

大槌町は大槌湾から襲ってきた約十メートルの津波で役場のある新町をはじめ、末広町、本町、大町などの中心部が壊滅した。荒廃した町役場の前で、ボランティアガイド高田由貴子さんから被害の状況を聞いた。死者は約八〇〇人、行方不明者は約五〇〇人を数えた。大槌町役場には約一〇〇人の職員が働いていたが、町長をはじめ四十人の職員が亡くなった。役場は津波に襲われたままの状態で残されていた。玄関前には百合や菊などの花、さまざまな飲料水のペットボトルが置かれていた。隣接の住宅はすべて流され、建物の痕跡だけが剝き出しになっていた。コンクリートの土台表面には青いペンキで行方不明の年老いた家族への文字が書かれていた。「早く帰ってきて　みんな、待っているよ！」という言葉が胸を打つ。町の中心からは堤防や立て込んだ家々のために海が見えない。これまでも多くの津波がきたが、津波に慣れてしまったお年寄りたちは「ここまでは来ないだろう」と過信していた。そのためか地震のあと、家に戻って被災した人が多かった。こうした経験からコンクリートブロックの堤防ではなく、瓦礫に土をかぶせて防潮堤を建設し、その上に森を造ろうという再生計画が進行しているそうだ。一日でも早い復興を祈りたい。

その後、台湾から来日した詩人たちの作品が送られてきた。大槌高校で日本語（横路啓子訳）の朗読を聞いた白霊氏の詩「その手に敬意をこめて」の第一連は次のように始まる。「岩手県の海辺で／数百の手が家に帰らないままにいる／数百の手が海という手にからめとられ／必死になって、家への帰り道をさがしている／数万の手が海に走りこみ髪を振り乱してさがしている／船をこぎ海という巨大なポケットの中をまさぐっている／その手の名を呼びながら」。海と岸辺からそれぞれが手をふっている。死者と生者の壮大な魂の交感。第三連の終わりの二行は「名前が書かれた手はない／けれどどの手にもすべて名前があるのだ」と固有の存在と存在が向き合っている。最終連では「昔の岩手県のその手」と「新しい岩手県のその手」がお互いに敬意をはらうと書かれている。この朗読を聴いて池田功国際啄木学会副会長は「言霊《ことだま》」を感じたと話していたが、私も同じく言葉に内在する霊力を感じた。この詩は「岩手日報」に掲載された。

陳義芝氏の詩『鵜住居《うのすまい》―追悼』も荒涼とした被災地の光景から触発された魂のメッセージがこめられている。「地震の時／波は十八メートルの高さを踏み潰し／春の領地に侵入した」との書き出しから、「遺体も遺物も／ない葬式が／行われた／津波の後／天は凍りついた／地面を掘る人／すすり泣く人／テントに隠れる人／黒い服を着る人／波に押し潰された／家々の、壁や土台が残っている／夜がふけても帰らない／家族が／空間を超えドアをたたく」と荒廃した情景や不在の人を浮き上がらせる。結びは「この春の領地には／誰も住んでいない／風の中の魂以外は／雑草や野の花／そして烏鴉《カラス》以外は」と表現されて、被災地のすさんだ現実を見据えている。

陳育虹さんの詩「半歩――岩手釜石・大槌町2012・6・11」も秀作である。全体は三章に分けられ、一の「災いの後」では「ぐんぐんと黒い潮がやって来て　退いていく／残したのは噛み痕」「すべてが蹴散らされ、打ち砕かれ、崩され、ずらされる／生命はもはやその位置を定められない」「もはや虫や鳥の声はなく／人の集う市はなく／もはや学童の楽しげなさざめきはなく／（略）すべてはなんとこんなにも静か∥死の静寂」と津波襲来後の状況を描いている。二の「曇り」では、「すまない　おまえをちゃんとみてやれなくて／ただペンキで（それは太平洋のように濃い青色）／おまえの名前をむきだしの家の基礎にばかでかく書いたから／おまえは尋ねて来てくれないか」と行方知れずの家族に呼びかける。「石灰の墓には／たくさんの名前の行列／（略）／数珠繋ぎに哀傷の歌になる／それは一基一基／弔いの歌碑」とレクイエムを奏でる。

三の「生き残り」は再生への思いをこめて力強く表現される。「いくら苦しくても歌を求め、ハリエンジュに支えられて／前に歩む」。最終連では「みんな安らかに眠れ、家から離れず／私たちと一緒に濃い青色の大気を呼吸して／海を／恨まない」と生き残った者が死者たちとともに生きる決意を語っている。彼女の作品はまさにいのちと向き合い慈しむ素晴らしい作品だと思った。二人の作品は台湾の新聞に掲載されたという。台湾の詩人たちの作品は陳義芝氏が講演で指摘した通り、優れた美しい技法だけではなく、社会的な現実にもきちんと向き合って表現している。作品を寄せてくださった台湾の詩人たちに敬意を表したいと思う。

鎮魂と復活——照井翠句集『龍宮』をめぐって

岩手県釜石市在住の俳人照井翠さんから句集『龍宮』（角川書店）をいただいた。これまでホチキスでとめた手作りの震災句集『釜石①』『釜石②』を読んでいたが、今回第五句集として出版されたものである。〈泥の花〉（七十五句）、〈冥宮〉（五十七句）、〈流離〉（二十七句）、〈雪錆〉（二十九句）、〈真夜の雛〉（二十一句）、〈月虹〉（十四句）の六章に分かれ、震災詠を中心に二二三句を収録している。作品に触れる前に釜石がどういう被害を受けたのかを検証しておきたい。

釜石は二〇一一年三月十一日午後三時二十分、高さ十九・七メートルの津波が押し寄せた。建物の全壊は二九五五戸、半壊六九三戸。死者八八八人、行方不明者一五八人（「朝日新聞」二〇一二年三月十一日付別刷り特集）を数えた。東日本大震災が発生した午後二時四十六分、「岩手日報」の山崎真紀記者は同市中妻町の釜石支局にいた。大きな揺れを感じた山崎記者は同市浜町の高台に避難し大津波を目撃した。

「高台には50人以上の市民が避難している。午後3時20分、じわじわと盛り上がって海水が防波堤を越え、白い波が一気に市街地へ流れ込んだ。水の塊が次々と乗用車や建物をのみ込む。建物の2階付近まで水没。次第に土煙が舞い上がり、一帯を包み込んだ。／震えてしゃがみ込む人や携帯電話で様子を撮影する人。さまざまな物が壊れる音が聞こえるはずなのに、耳に入ってこない。子どもたちの泣き叫ぶ声だけが聞こえた。／あまりにも非現実的な光景のためか、恐怖感はなく、ぼうぜんとシャッターを押し続けた。／十数分後、大きな引き波が起き、がれきの山となった街並みが姿を現した。釜石港は海底が見えそうなほどに潮が引いたが、直後に海面がせり上がり、再び大津波が街を襲った。」（特別報道写真集『平成三陸大津波　2011・3・11東日本大震災　岩手の記録　記者の証言』岩手日報社）。津波を目撃した瞬間が立ち上がってくるようだ。

照井さんは避難所で迎えた三日目の朝、差し入れられた新聞で「福島原発　放射能漏れ」という記事と写真を見て衝撃を受け、釜石港から歩いて数分の自分が住むアパートへ向かった。句集のあとがきによれば、「近所の知人の家の二階に車や舟が刺さっている。消防車が二台積み重なっている。泥まみれのグランドピアノが道を塞いでいる。」「戦争よりひどいと呟きながら歩き廻る老人。排水溝など様々な溝や穴から亡骸が引き上げられる。赤子を抱き胎児の形の母親、瓦礫から這い出ようともがく形の亡骸、木に刺さり折れ曲がった亡骸、泥人形のごとく運ばれていく亡骸、もはや人間の形を留めていない亡骸。これは夢なのか？　この世に神はいないのか？」。

想像を絶する被災体験を経て照井さんは句作に打ち込んだ。「このような極限状況の中で、私が辛うじて正気を保つことができたのは、多分俳句の『虚』のお陰でした。私には、長年俳句の『虚実』と向き合ってきた積み重ねがありました」と自らの拠って立つ位置を語っている。俳句の「虚実」とは何か。『俳文学大字典』（角川学芸出版）によると、俳諧表現の本質が「虚」と「実」との融合した世界を理想としたものであること、そのためには方法として「実」よりも「虚」に重点をおくべきことを説いた俳論。

松尾芭蕉は「言語は虚に居て実をおこなふべし」と教えた。芭蕉門下の支考がそれを体系化。一つは眼前の事実よりも文芸的真実を優先する立場から表現における虚を尊重すべきこと、二つには対象に向かう作者の心のもち方として、心を虚に傾けるべきこと、すなわち「私意を排すること」の重要性を説いて、これを「虚先実後」の説として提唱した。それが現代にもつながって、照井さんは「虚」によって震災後の凄惨な現実と対峙し、生と死の極限状況に寄り添いながら鎮魂と再生の句を生んだのである。

「喪へばうしなふほどに降る雪よ」「黒々と津波は翼広げけり」「家どれも一艘の舟津波引く」「泥の底繭のごとくに嬰と母」「双子なら同じ死顔桃の花」「御くるみのレースを剝げば泥の花」「つばくらめ日に日に死臭濃くなりぬ」「一列に五体投地の土葬かな」「気の狂れし人笑ひゐる春の橋」「地球とは何　壊しては雪で埋め」「春昼の冷蔵庫より黒き汁」「漁火や海に逝きしは海に棲む」。この生々しい現実を見据えながら、慟哭と無念の思いを十七文字に託した作品が心を打つ。

　震災後の荒涼とした風景は、記憶のなかのふるさとと対比して、あまりにも無残であった。「屋根のみとなりたる家や菖蒲葺く」「北上川の青蘆の丈長き髪」「焼跡や瓦礫の色のクレマチス」「天の川ぐにやりと曲り起つ鉄路」「釜石はコルカタ　指より太き蠅」「浜いまもふたつの時間つばくらめ」「廃屋の影そのままに移る月」「春の海髪一本見つからぬ」「外の輪は脚の無き群盆踊」「倒れたるお地蔵霜を召されけり」。この深い喪失感の内実には激烈な思いが秘められている。

「唇を噛み切りて咲く椿かな」「彼岸花全く足らぬまだ足らぬ」「三・一一民は国家に見捨てらる」「三・一一神はゐないかとても小さい」「風花や悲しみに根の無かりけり」「喉に当てし氷柱を握る力かな」「じよいじよいと堅雪渡る葬の列」「寒昴たれも誰かのただひとり」「牡丹の死の始まりの蕾かな」「盆近しどれも亡骸無き葬儀」「何もかも見てきて澄める秋刀魚かな」「亡き娘らの真夜来て遊ぶ雛まつり」「月虹の弧を黄泉《くわうせん》へ継ぎにけり」。あり得ないことが起こって、海の民はその不条理に殉じるしかなかった。その無念さを後世に遺すのも文学者の使命だろう。そしてここから復活への歩みを始めるしかないのも事実である。

　照井さんの句を初めて読む人のために、できるだけ多くの作品を紹介した。照井さんはあとがきに「死は免れましたが、地獄を見ました。震災から一年半、ここ被災地釜石では何ひとつ終わってはいないし、何ひとつ始まっていないように思われます。いまだ渦中にあります。しかし、生きてさえいれば、何とでもなる、そしてどんな夢も叶えられると信じています。今後とも一層思索を深め、俳句表現の道に一途に精進して参りたいと念じております。そのことが、運よくこの世に生かされて在る私にできる精一杯のことだと思われます」。被災地で俳人として生きる渾身の思いが伝わってくる。

略歴によると、照井翠《みどり》さんは昭和三十七（一九六二）年、岩手県花巻市生まれ。平成二年「寒雷」入会。以後、加藤楸邨に師事。「草笛」入会。平成五年「草笛」同人。平成八年「草笛新人賞」受賞。「寒雷」暖響会会員（同人）。平成十三年「草笛賞」優秀賞受賞。平成十四年「第二十回現代俳句新人賞」（現代俳句協会）受賞。平成十五年「遠野市教育文化特別奨励賞」（遠野市教育文化振興財団）受賞。著書は句集『針の峰』『水恋宮』『翡翠楼』『雪浄土』。共著『鑑賞　女性俳句の世界』三、加藤知世子論執筆。現代俳句協会会員・日本文藝家協会会員。

照井さんとは一昨年「言葉の力・追悼と復興への祈り～東日本大震災六ケ月祈念印日詩歌の会」に参加、インドのニューデリーで共に震災の作品を朗読した。昨年（二〇一二年）は台湾の詩人たちを迎えて盛岡で行われた「台日文学者交流会」でご一緒した。日本現代詩歌文学館の二〇一二年度常設展「未来からの声が聴こえる　2011・3・11」でもお互いの作品を展示する機会に恵まれた。なにかとご縁のある俳人で、さわやかな飲み友達でもある。中堅を担う俳人としていっそうの活躍を期待したいものである。

《追記》照井翠句集『龍宮』は二〇一三年度俳句四季大賞と現代俳句協会特別賞を受賞した。

「鳥の目」をもつ――詩人としてできること　東日本震災以後の表現をめぐって

大震災直後に石巻市南浜町や門脇町、仙台市荒浜の被災地を歩き、がれきに埋もれた被災地の現状に衝撃を受けた。言葉を失い黙礼するしかなかった。自分の生きてきた世界が崩れ、これからどう生きていけばいいかわからなくなった。その折りに読んだ宮城三女高出身の直木賞作家小池真理子の「命ある限り生きていく」（『河北新報』二〇一一年四月二十一日付朝刊）に共感した。小池は海の側から撮影された津波の映像の片隅に白い鳥の群れを見た。「自分の中に『鳥の目』が生まれたことに気づいたのは、その数日後だった。翼を持つ鳥になって、あの日、東日本沿岸で起こったことはもちろん、そこに至るまでの自分たちの世界、どんな流れで、どこに向かおうとしていたのか、その全体を俯瞰したい、と思うようになった。／それまで、私は自分の人生を生きることに必死だった。仕事、生活、流れていく時間……。それらは自分の狭い王国の中にしか存在していなかった。私は鳥ではなかった。くる日もくる日も地面に這いつくばっていた。遠くを見つめているようで、実は自分のまわりしか見ていなかった」。

小池は自問自答しながら考え続ける。「こんなことになっても、地球は自転することをやめない。私たちもまた、命ある限り、生きていくことを決してやめはしない」「自然は人智の及ばぬ災害をもたらすが、同時に果てしなく美しく、豊かなものである。私たちの営みもまた、その自然の中で繰り返されていく。何が起ころうと、何を失おうと、それは必ず繰り返される。／『鳥の目』をもった私は今、そんなことを一生懸命考えている」。鳥の目をもつこと。詩人として何ができるかを問い続けること。小池の率直なエッセイを読みながら、言葉を取り戻そうと再出発した日々。あれから二年が過ぎた。

現代詩手帖編集部から「東日本大震災以降の詩作について」の論考を求められたが、編集部の意図はこれまでに論じられてきた詩人ではなく、それ以外の詩人を取り上げてほしいとの依頼だった。従って、ここでは被災地在住の詩人たちの詩業を中心に考察する。仙台市北部在住の清岳こう詩集『マグニチュード9・0』（二〇一一年、思潮社）は、じつにシャープで人間味豊かなライトヴァースだ。被災直後から詩を書き始め、六十一篇を選んで収めたのがこの震災詩集である。被災した市民の体験やその後の日常のくらしが生き生きと表現されている。等身大の自分をさらけ出しながら、詩でしか伝えられない思いを言葉に定着している。多くの詩人が震災を前に言葉を失い、無力感や喪失感に苦しんでいたとき、この詩人は敢然として震災に立ち向かったのだ。

教室の一番前の席
深くうなずいていたショートカット
私の家も波のほとり　と

乙女にならぬまま海に抱きとられてしまって

（「潮の遠鳴り数へては」）

題名は与謝野晶子の短歌「海恋し潮の遠鳴り数へては少女となりし父母の家」からとられている。短い表現ながら、津波で亡くなった女の子の死を簡潔に、万感の思いをこめて伝えている。この詩集には心にしみる作品がちりばめられていて、読む人に共感の輪を広げる。詩人は詩集のあとがきで書く。現代詩は難解だと批判されることが多いが、「誰かに、できれば、より多くの人に、普段、現代詩など読まない人たちや子供たちにも思いを届けること、詩を書く者ができることはただそれだけしかない、と改めて気がつきました。悲しみを分かちあい、ともに前を向いて歩けたら、その思いを伝えたい、と」。あとがきが書かれたのは二〇一一年四月十一日。震災から一カ月後に作品は完成していたのだ。

さらに一年後、詩集『春　みちのく』（二〇一二年、思潮社）を出版した。「少年少女」「リングに上がる」「人生は美しく」の三部に分かれ、子どもたちが精神的に立ち直っていく姿や戦後日本人の生き方と文明の有り様、震災後一年のさまざまな現実と人間模様を抉り出している。

「菜の花さくら草チューリップを並べなければ花屋じゃない／孤独なリングに上がらなければボクサーじゃない〃そうは思わないか」（「ゴングは鳴っている」）。彼女の試みは身辺に目配りした作品が多く、スケールの大きさには欠けるが、現代詩の世界にさわやかな風をもたらしたのは事実だ。

仙台市中心部在住の秋亜綺羅《あきあきら》詩集『透明海岸から鳥の島まで』（二〇一二年、思潮社）が今年度の丸山豊記念現代詩賞に決まった。彼の詩は独特の質感とリズムがあり、現代詩の地平に新しいページを広げる詩的表現だと言っていい。彼の詩を一筋縄でとらえることは難しいが、これまでの現代詩の世界に通用してきた暗喩を否定し、きわめて自由にフレキシブルな表現の世界を展開する。世の常識や通念に異議を唱え、言葉のパンチを繰り出してくる技法は、どこか突き抜けて、読後の解放感がある。

巻頭の二篇の詩「ドリーム・オン」は夢見ることを否定することで、逆に夢を追う私たちの心を刺激してくるものがある。ドリーム・オン、呪文のような言葉。夢想するのは勝手だが、現実はそうはいかないよと言われているようだ。未来を夢想することで生きることができる。徒労かもしれないが、それでも人は夢想することで未来を目指す。揶揄しているようで遊びもある言葉。否定の言葉を連発する独特の語感が印象的な作品だ。「馬鹿につける薬」も同様で、先の詩句を否定し「そんな馬鹿につける薬はこれである」と繰り返す。不可思議なカリスマの魅力を隠し持っている。彼は十八歳で寺山修司に認められ、寺山の劇団「天井桟敷」で脚本を書くなど濃密な青春を過ごしている。そのせいか彼の「芝居小屋」には特有の仕掛けが施され、その謎解きが読者を魅了する。

震災のあと、秋亜綺羅は仙台東部の新浜で、大津波に浸された田畑と海を見ながら、言葉もなく呆然と一晩を過ごしたという。彼もまた言葉を失ったのだ。その後、彼は震災に触れた詩を書くが、メディアが報じたような震災の詩句は一行もない。彼が発見したオリジナルなフレーズが独特の震災詩を生み出している。恋人と金魚の死を暗示する「津波」という詩は出色の作品である。「そのとき、一匹の赤い／わたしの金魚は／海水魚になることを拒んだ〃金魚は遠くなる意識のなかで知るのだった／血の色は海の色だったことを」（「津波」）。津波に襲われたときの心象風景は正常な意識ではない。恋人や金魚の姿に仮構して、そのときの尋常ではない心身の有り様を再現する。「原子力」という作品もこの詩集のなかで最も優れている。秋亜綺羅は本質的にヒューマンなハートをもった詩人であり、このフレーズこそが詩人の仕事である。

津波にだいじなひとや家を流されて
それでも、海を憎んでいるひとに会ったことがない
海とひととその物語は、千年に一度の震災ですら例外ではなく
海とひととその物語は、いとおしく、せつない

（略）

だが、コンピュータですらできる政治
だが、コンピュータでしかあやつれない原子力

政治にも原子力にも
いとおしさと、せつなさが
これっぽちでもあっただろうか

と。

（「原子力」）

仙台市南部に住む斎藤紘二の詩集『挽歌、海に流れて』（二〇一三年、思潮社）は、まさに正統派で本格的な震災詩と言える。修辞が優先する現代詩人のなかにあって、骨太な詩と思想をもった斎藤の存在はきわめて貴重だ。

斎藤はこれまで進行性筋ジストロフィー症、ヒロシマ、沖縄を主題に三冊の詩集を出版している。いずれも重厚なテーマに真正面から取り組んだ優れた詩集だった。斎藤の詩法の特徴は詩の題材となる対象に寄り添うことによって内側からイメージを広げ、その対象が虐げられていたり傷ついていれば、その元凶となる標的を非難し糾弾する点にある。彼の詩がときとして

憂国の悲しみを湛えることがあるのは、社会や国家の体制が彼の求める理想から掛け離れているからだ。今回の東日本大震災を主題にした作品は複雑な要素を孕んでいる。震災の元凶となるのは自然の猛威であり、大津波を起こした海だからである。斎藤はこの悲惨な現実と言葉との乖離を意識しながら果敢にトライしている。ときには資料などによる作為性も感じないわけではないが、そのスケールの大きな詩業は注目に価する。

同時代に生きて
津波で生死を分けた者たちが
此岸と彼岸で呼びかわすとき
此岸からかすかに流れてゆく旋律がある
それはあのとき失われた言の葉が
言霊となって海に浮かんでできた歌
生者が死者を悼む挽歌である

涙頬に流れ
挽歌は海に流れる

（「挽歌、海に流れて」）

全体は三部に分かれ、IとIIは津波、IIIでは原発事故を扱っている。表題作の「挽歌、海に流れて」は津波の犠牲者に捧げる絶唱である。津波の作品で注目したのは、津波の悲劇を書きながらどこかに希望を内包している点である。Iの「未歩」では行方不明の母を探す一方で、娘が誕生し未来を歩むから「未歩」と名づけることや、「いちどは挫けたこころの中に／新しい町を立ちあげているのではないか」と語る「希望」という作品にもそれは表われている。それに対して、IIIの原発に対しては否定的にならざるを得ない。石棺の中に「はてしなく臨界を欲望する原子炉と／人間の倨傲を封印」するという「石棺」や痛烈な原発批判をこめた「メルトダウン」という詩に、詩人の思いがこもる。詩人に何ができるか、何をなすべきか。斎藤はあとがきで感動的な言葉を記している。「詩がもしも明日をてらす灯りになり得るならば、希望の社会性の名で詩が社会をリードすることは可能であろう。それこそが詩人の使命ではあるまいか」。思想をもつ詩人らしい発言である。

福島第一原発から二十五キロに位置する南相馬市在住の詩人若松丈太郎は、原発が一九七一年に操業を開始してから今日に至るまで、一貫して原発の技術水準や運営の危うさを危惧し、原発を告発する詩やエッセイを発表してきた。特に、一九九四年にチェルノブイリ福島県民調査団に参加して書いた連詩「かなしみの土地」（詩集『いくつもの川があって』二〇〇〇年、花神社）や詩集『北緯37度25分の風とカナリア』（二〇一〇年、弦書房）は、まさに予言の書として高く評価されている。昨年（二〇一二年）一月に出版された若松丈太郎詩集／アーサー・ビナード英訳

『ひとのあかし――What Makes Us』（清流出版社）には、書き下ろしの詩「ひとのあかし」が収録されている。十二行の短い作品だが、原発事故によって土地や海の幸を奪われた人々の静かな悲しみと怒りがこめられている。

ひとは作物を栽培することを覚えた
ひとは生きものを飼育することを覚えた
作物の栽培も
生きものの飼育も
ひとがひとであることのあかしだ
あるとき以後
耕作地があるのに作物を栽培できない
家畜がいるのに飼育できない
魚がいるのに漁ができない
ということになったら
ひとはひとであるとは言えない
のではないか

（「ひとのあかし」）

若松は『福島原発難民　南相馬市・一詩人の警告』（二〇一一年、コールサック社）、『福島核災棄民』（二〇一二年、同）を相次いで出版し、原発への告発を強めている。詩人のはたすべき仕事について、若松は「生きる力を得るために」という文章を書いている。「こうした状況のもと、わたしたちはわたしたちが生きている世界と人についてどう考え、なにをどう表現するかが問われているように思います。表現することによってこそ3・11以後を生きる力を得られるのではないかとも思います」（「福島県現代詩人会会報」第一〇二号、二〇一二年二月一日、『福島核災棄民』所収）。福島原発事故の収束が不確かな現在、若松の発言と文筆活動に注目したいと思う。

照井良平は岩手県陸前高田市生まれ、花巻市在住。第一詩集『ガレキのことばで語れ』（詩人会議出版）で壺井繁治賞を受賞した。中学二年のときに岩手でチリ地震津波を体験。東日本大震災後は三日後に現地入り。津波で実家も被災し、親戚十人を亡くした。この詩集には三十一篇の震災詩が収録されている。粗削りながら、震災の体験を記録として残そうという思いが込められた一冊である。表題作が優れている。「ことばがないなどと言うな／ことばで語ることができないならば／ないことばで語れ／ガレキのことばで語れ／ガレキの涙で語れ／そこに遺影がある／ことばの／遺影がある」。震災の凄惨な体験を経て生み出された作品だけに、技法だけが先走った現代詩にはない魂の迫力がある。

被災地の詩人ではないが、広島市在住の御庄《みしょう》博美と東京在住の石川逸子詩文集『哀悼と怒り――桜の国の悲しみ』（二〇一二年、西田書店）が東日本大震災と原発事故に対する思いを詩とエッセイで表現している。御庄の詩「逃げる」、石川の詩「牛のささやき」「ナミダ」が心に響いた。柴田三吉、草野信子詩集『三月十一日から』（二〇一二年、ジャンクション・ハーベスト）にも注目した。柴田の詩は「掌の林檎」「埋葬」、草野の詩は「ゆりあげ」と「ガソリンスタンド」に、鎮魂と上質のポエジーを感じた。

アンソロジーでは東日本大震災詩歌集『悲しみの海』（冨山房インターナショナル）が現代詩と短歌で一冊を編んだ。著名な民俗学者で歌人の谷川健一と仙台の詩人・編集者玉田尊英の共同編集。現代詩は梶原しげよ、吉田加南子、高良留美子、永田和宏（歌人）の四人と、被災地の詩人で岩手県出身の朝倉宏哉、宮城県の須藤洋平、佐々木洋一、玉田尊英、筆者の五人。短歌は佐藤通雅、谷川健一を特集している。ほかに被災三県の歌人の作品から主題別に一八〇人の短歌を厳選し、豊かな抒情と直截な表現で震災の悲しみを浮き彫りにした。短歌の特性がよく生かされている。

現代詩人の詩集だけでなく、高校生の詩にも注目したい。筆者は宮城県高等学校文芸コンクール詩部門の審査員長を務めているが、平成二十四年度第九回コンクールで最優秀賞に選んだ片平侑佳の「潮の匂いは。」（石巻西高校三年）に感銘を受けた。この詩は第二十七回全国高等学校コンクールでも入選している。散文詩の部分では、潮の匂いは「世界の終わりを連れてきた」「友の死を連れてきた」「少し大人の僕を連れてきた」「一人の世界を連れてきた」の書き出しで四章に分かれ、故郷の消失、死んだ友との思い出、不確かな自己の存在、そして深い孤独を冷静なまなざしで見据えている（全文は一四七～一四九頁参照のこと）。

片平侑佳の作品は震災と自分とのスタンスがしっかりしていて、濃密な詩的世界を構築している。被災地の青春は内向きで傷つきやすい。「潮の匂い」を通して「始まり」と「終わり」、「生」と「死」、「幼いあの日」と「少し大人になった今」、「優しい世界」と「孤独な世界」を対比させ、震災以前と震災以後の心の領域を見事に表現している。宮城県には片平のほかに優れた書き手の高校生が何人もいて、彼女たちが今後どんな詩を書くか楽しみだ。

このほかに、清岳こうが指導する「ことばの移動教室」で子どもたちの書いた詩『震災　宮城・子ども詩集』（二〇一二年、東北大学教育実践論〔小泉〕研究室）や宮城の語り部詩人・菊田都詩集『沈黙の海』（潮出版社）も出ている。作品のレヴェルはともかく、平明な言葉で震災を伝えている。

最後に自戒をこめて言うのだが、追悼詩を書いているだけでは前へ進まない。鳥の目をもって震災を俯瞰し、自然と文明の関わりや未来から透徹したまなざしで現状を問い直す作品が求められる。震災以後の表現の旅はまだ始まったばかりだ。

芸術のもつ不思議な力を味わう——上野憲男展を観て

敬愛する画家・上野憲男さんの個展を観たのは、二〇〇五年の「時のうつろい」（何必館《かひつかん》・京都現代美術館）以来八年ぶりである。私が二十代の半ばから鑑賞してきた上野さんの絵画は、ブルーやグレーを基調に、高度に洗練された濃密な詩的空間を創成し「青の画家」と称されてきたが、近年は赤、黄、黒、緑、青、白などの豊かな色彩が画面を縦横に彩り、目にも鮮やかな色彩の群落が開花しているようだ。これまで内面的に抑制されてきた原色のほとばしりが、新しいフィールドを開拓したように自在な絵画表現と結びついている。特に、印象深いのは、八十一点のＢＯＸシリーズである。縦横約二十センチの狭い空間に描かれたなんとも壮大なイマージュ。画家は日々の営為のなかで味わったこと、感じたことをＢＯＸの空間に解き放しているようで、その多彩な表現の可能性が観る者を限りなく魅了する。きわめて親密性に富んだ絵画空間が現出している。

一方で、私が霊気に打たれた作品がある。上野さんらしいブルーの画面中央に舟のような形態が浮かび、その前後に赤い棒と黄色いスティック状の物体が描かれている。タイトルは「悲しみを運ぶノア」。この作品とタイトルを見た瞬間、私は名状しがたい深い感銘を受けた。上野さんの話によれば、ある年配の女性がこの作品を前にして涙を流したという。東日本大震災の被災地・仙台から京都の会場に足を運んだ私は、この作品に3・11の鎮魂と再生のドラマを感じた。制作されたのは二〇一〇年であり、震災とは直接関係ないのだが、制作年代を超えて私の心を打つものがこの作品にはあったのだ。芸術作品のもつ不思議な力である。死者への鎮魂を主題に詩を書いていたので、この絵画との出会いは衝撃的であった。私はこの作品に触発されて一篇の詩を書いた。

群青色の大海原を
一艘の方舟が渡っていく
どこか遠いところへ
有り余る悲しみを運びながら

方舟の前方に
赤い棒のようなものが
わずかに傾きながら浮かんでいる

災いから舟をまもる障壁の横断面か
あるいは未来へ先導する
聖者のタクト

後方からも
エネルギーの波動が後押しをする
黒い方舟のデッキ前方には
暖色のかすかな発光体が見える
方舟をあやつる朱色の帯
「悲しみを運ぶノア」

画面全体にみなぎる青い霊気
壮大な魂の葛藤と浄化が
この大海原で始まっているのだ
救いの地はあるのだろうか
悲しみの果てに
回復へのかすかな兆しはないか

わたしたちもまた
鎮魂と再生の旅を続ける
かけがえのない酸素を
ここにいないひとたちの分まで
胸いっぱいに呼吸しながら
希望という名のどこか遠くの岬へ

（「どこか遠くの岬へ」）

この詩を書いた頃に、全国の詩人たちの作品を収録するアンソロジー『詩と思想　詩人集２０１３』（土曜美術社出版販売）に作品掲載の依頼があったので、この詩を載せることにした。久しぶりに観た上野さんの絵画に対するオマージュとして、この作品を残したいと思ったからだ。このほかに、「家路」「火と種子」「黒い海」「荒地の鳥」「雪のむら消え」「夢の中の虹」「冬の散歩道」「夜のマドリガル」「惑星の断片」「リラとバラ」などの作品に魅せられた。

また、会場入口の左側壁面いっぱいに飾られた横約六メートルの大作「黒の正面」にも圧倒された。黒の背後にある多重な絵画空間が透けて見えてくるようで、長年画家として活躍してきた上野さんの力量を感じさせる作品になっている。さまざまな色彩を塗りこめてきた過程で、奇跡のように突然成立する芸術表現。ここには画家の厳しい修練の時間が塗り込められているようだ。上野さんはこの作品について次のように語っている。「この新作が完成するプロセスは原色から白、黒、とさまざまな試行を繰り返した、この一見薄塗りの画面の奥には様々な何かが堆積している、絵を描くこと生きることの喜びと悲しみがこの混沌と逡巡の中に渦巻いているのかも知れない。」（上野憲男展カタログ）。制作の秘密を垣間見る思いがする。

堀川正美の詩『新鮮で苦しみおおい日々』のなかに、「円熟する、自分の歳月をガラスのようにくだいて／わずかずつ円熟のへりを嚙み切ってゆく。」という先鋭なフレーズがある。今回の「あさき夢みし　上野憲男展」（二〇一三年二月二十二日～三月二十日）を観て、私は反射的に堀川の詩句を思い出した。上野さんの場合は、「自分の歳月をガラスのようにくだいて」いるのではなく、もっと柔軟でおおらかな感性のままに、「自分の歳月」を日々充実させているような印象を受けた。八十歳を過ぎても円熟の境地にとどまらず、新たな絵画表現を求めて果敢な挑戦を続けていることに深く打たれたのである。円熟のへりを超えて、より遠くへ果敢にトライする画家に心から敬意を表したいと思う。

上野憲男展の会場、何必館・京都現代美術館

女優園井恵子と核廃絶

八月は鎮魂の季節。原爆で散った女優園井恵子の関連で、今年（二〇一三年）は何度も岩手の地を訪れた。宝塚出身の園井恵子は昭和十八（一九四三）年、当時の人気俳優阪東妻三郎と映画『無法松の一生』（稲垣浩監督）に出演。陸軍大尉吉岡小太郎夫人（良子）の役で名声を高めた。昭和二十年八月六日午前八時十五分、慰問のために滞在していた移動演劇桜隊の広島の宿舎で被爆。その日は彼女の誕生日。二十一日に神戸の恩人宅で亡くなった。三十二歳の若さだった。原爆で非業の最期を遂げなければ日本を代表する大女優になっただろうと惜しまれている。

園井恵子は大正二（一九一三）年八月六日、岩手県松尾村（現八幡平市松尾）に生まれた。翌年、菓子製造販売業を営む父の関係で川口村（現岩手町川口）に移住。大正十四（一九二五）年、川口小学校尋常科を卒業した。岩手町では五十回忌を機会に、地元の有志が中心となり岩手・園井恵子顕彰会（代表・工藤剛嗣氏）を結成。内外の知友や関係者、ファンが協力し平成八（一九九六）年八月二十五日、宝塚音楽歌劇学校（現宝塚音楽学校）時代の彼女を再現した清楚なブロンズ像が、岩手町働く婦人の家の敷地内に完成。母校川口小学校の児童の手で除幕された。

岩手町文化振興実行委員会（柴田和子会長）は、八月三日から園井恵子生誕百年祭の記念イベントを開催。約一カ月にわたって資料展や広島の被爆体験を聞く会、映画上映会、元宝塚女優が出演する記念ステージなど多彩な催しが行われた。広島に原爆が投下されてから六十八年を迎えた六日、園井恵子生誕百年祭開幕式が岩手町川口の同町働く婦人の家で開かれた。関係者や町民など一五〇人が出席。柴田会長が「八月六日に生まれ、原爆で幕を閉じた数奇な三十二年の短い一生から、平和の尊さを訴える園井さんのことを長く語り継ぐことが私たちの任務です」とあいさつした。

芥川賞作家で詩人の阪田寛夫さんが、ブロンズ像除幕のために書いた群読台本「お帰りなさい　園井さん」を、母校の川口小学校五年生三十四人が像の前で朗読。園井恵子の生涯をたどった群読は、子どもたち

群読台本『お帰りなさい　園井さん』を朗読する子どもたち

の素朴で透き通った声によって出席者に感動を与えた。このあと、子どもたちと柴田会長がブロンズ像に献花。優しく繊細な園井恵子の像には白い百合の花がふさわしいのだが、真夏の炎天下とあって桔梗の花が贈られた。次いで、宝塚歌劇団OGの流けい子さんが「すみれの花咲く頃」を華やかに歌い上げた。開会宣言後、参加者の手で一〇〇個の風船を青空に飛ばし、平和への願いを訴えた。

当日の午後からは資料展が開かれている岩手町立石神の丘美術館ギャラリーで、流けい子さんのアフタヌーントーク「園井恵子と私」があった。流さんの義母は戦前の宝塚全盛時代を築いた小夜福子。宝塚音楽歌劇学校の受験を直訴する園井恵子を励ましたエピソードなどを披露した。また、十日は岩手広域交流センター「プラザあい」で、村上啓子さん（茨城県在住）の「広島の被爆体験語り」と映画『無法松の一生』上映会が開かれた。私は出席できなかったが、村上さんの講演は以前聞いたことがある。「被爆者の国民として原爆は多くの悲劇を生むということを次の世代に語り継いでほしい」と切実に訴える内容が心に残っている。原爆と平和についてて考える草の根のこうした活動は貴重である。

八月二十五日は岩手町の森のアリーナで、生誕百年祭記念ステージ「ふるさとの丘に虹を追って」が行われた。第一部のシンポジウム「園井恵子と宝塚歌劇の百年を語る」が興味深かった。宝塚歌劇団の前身「宝塚少女歌劇団」時代に出演したオペラの映像フィルムが横浜市の個人宅で発見された。映像は白黒、無音で五分間。彼女が準主役の道化師をコミカルに演ずる貴重な映像を鑑賞することができた。宝塚歌劇団の演出家で宝塚文化創造館名誉館長の岡田敬二氏は「園井さんは演技派で役作りのうまい女優だった」と賞賛した。

第二部の舞台では岩手町川口地区の児童、生徒、郷土芸能団体など二五〇人が出演。川口きつね踊りや沼宮内七つ踊りなどは、お祭り好きだった少女時代の園井恵子が踊る姿を彷彿とさせて胸が熱くなった。さらに、宝塚OGの流けい子（元星組、八千代環）森奈みはる（元花組、娘役トップ）、男役の久城彬、鳴海じゅんさんらの華麗な歌と踊りが約一〇〇〇人の来場者を魅了した。園井恵子は平和を象徴する天使として、故郷の人々の心にいまも生きている。なお、私の母タキと園井恵子（本名・袴田トミ）は異母姉妹で、タキが二歳年上だった。母親が違う事情もあって生前の二人は会うことがなかった。園井恵子は私の叔母、彼女の父・清吉は私の祖父に当たる。

八月は失望と自問の季節でもある。六日に広島の平和記念公園で開かれた平和記念式典において、松井一実市長は平和宣言で、核兵器を「非人道兵器の極みであり、『絶対悪』」として、廃絶を訴えるとともに、国際社会との連携を要求した。また、九日には長崎の平和公園で行われた長崎原爆犠牲者慰霊平和記念式典で田上富久市長が平和宣言し、核拡散防止条約（NPT）再検討会議準備委員会で、核兵器の非人道性を訴える共同声明に日本政府が賛同しなかったことなどを批判、被爆国としての原点に戻るように訴えた。

だが、安倍晋三首相は「日本人は、唯一の戦争被爆国民だ。われわれは確実に『核兵器のない世界』を実現していく責務がある」と語るだけで国の無為無策は放置されている。アインシュタインが「核分裂が、人間の思考方法以外のすべてを変えてしまったせいで、われわれは前代未聞の破局へ向かっている」と語ったのは真実である。核廃絶へ進展しない現状には失望するが、どうしたら世界が核廃絶を実現できるかについてさらに問い続けること。園井恵子を育んだみちのくの地から今後も廃絶への声を発していきたいと思う。

被災の個人的な体験を語り合う

東日本大震災から三年が過ぎた。震災直後から海辺の被災地を歩きながら、文明の破滅的な限界と共生すべき自然との決定的な乖離を実感した。逆説的に言えば、いまこそ退嬰的な文明やきな臭い国家の有り様を問い直し、新しい価値観によって世界を作り直す歴史のターニングポイントに差しかかっていると思ったが、劣化した政治や依然として原発依存のエネルギー体質を変革することができず、この国の未来は暗雲に閉ざされていると言わざるを得ない。そんな状況のなかで、さまざまな人の震災体験を受けとめ、できるだけ被災者に寄り添いながら、風化していく被災地の現状と課題を未来へ伝えていくことが、自分の役割のように感じている。

震災から三年目の二〇一四年三月十一日、私は東松島市の石巻西高等学校で、松島市教育委員会主催のシンポジウム「被災地から未来地への提言」を聴講した。東松島市では震災によって一〇〇〇人以上が亡くなり、石巻西高校は約七〇〇〇人の遺体を収容する遺体安置所だった。その後、四十四日間にわたって、約四〇〇〇人が暮らす避難所になった。校門を入った左手には慰霊碑が建立されている。

シンポジウムでは、基調講演の諏訪清二氏（兵庫県立舞子高校環境防災科主任）をはじめ、東松島市教育委員会教育次長の小山直善氏、大曲地区仮設住宅自治会長の小野竹一氏、石巻日赤看護学校の安倍藤子氏（石巻西高校評議員）、株式会社ヒノケン社長の日野節夫氏（石巻南ロータリークラブ会長）、耕人塾塾長の木村民男氏（石巻専修大学教授、前東松島市教育長）、日本物理教育学会会員の堀込智之氏（『海に沈んだ故郷』の著者）、宮城県内の高校生・中学生代表六人が参加した。

小山教育次長は被災後三年間を総括。三十七カ所の避難所を準備したが、その後、避難民が増えて、最終的に一二二カ所、一万六〇〇〇人を収容した。当初は食料の調達ができなかった。三日間は浸水のため避難所へ行けなかった。その後、部下に海辺の浸水の深いところから回るように指示したが、四日間も帰ってこなかった。近いところから回るようにすれば良かった、自分が先頭に立って水の中へ入るべきだったとリーダーとして反省した。避難所では要介護の高齢者と外国人に対する配慮、ペットを収容する場所がなかったことも課題になった。現在は施設を建設して九〇〇トンの支援物資を備蓄する倉庫ができた。復興住宅も完成した。今後ともボランティア活動をよろしくお願いしたいと語った。

小野自治会長は笑顔を取り戻す活動に力を入れた。十二月は三週続けてクリスマスパーティを開いた。高校生も含めて二十数名がサンタクロースになった。四月は四〇〇所帯、一一〇〇人のお花見会を開催した。八月には東松島市で初めて青森のネブタを動かした。仮設住宅から航空自衛隊松島基地入口まで一・五キロを行進した。約一万二〇〇〇人の人たちが見にきて、非常に喜んでくれた。現在は七カ所に五八〇世帯が入る住宅団地の造成工事が始まった。日本一の団地を作って、ボランティアの皆さんに恩返しをしたい。「笑顔で前へ」をモットーに活動を続けると話した。

石巻西高等学校のシンポジウムで語り合う地域のみなさん

石巻赤十字専門看護学校の安倍さんは、石巻市の湊小学校で夜通し救援活動に当たった。電気も不通で食料もない。血圧計や点滴器具、医薬品もない。骨折や低体温症の患者一二〇〇人に対し、教員十人、生徒八十四人で対応した。パーキンソン病を患っている人は体が動かない。生徒のアイディアでおむつカバーの代わりに水をはじく傘の布を使ったり、電子辞書で明かりを確保したりした。低体温の人には服をぬがせ、手で一晩中温めて体調を回復させた。痴呆症の人が騒ぎ出したときは、生徒たちがそばに寄り添って話を聞き、心のケアをした。その結果、患者は落ち着いた。安倍さんは「生徒たちは最大限の努力をしてくれた。豊かな発想力で患者を助けた」と若い力を賞賛した。生徒たちは患者を観察しているうちに、ケアができるようになった。どんな状況のなかでも自分の発想力で何をしたらいいか考えること。想定外のことが起きたら、自分で考えて行動すること。日頃からそれを意識して行動することが大事だと提言した。

会社経営者の日野氏は、津波で家も会社も流され、片腕の仲間を失った。一年間は社長も社員も心がふさいでいた。しかし、いい会社を作ることが世話になった片腕の仲間や取引先への恩返しになるのではないかと考えた。いまは亡くなった人のために頑張ろうと社員もまとまってきた。「震災があったから良い会社になったのだろう」と言われるように業績も伸びた。今春には片親を亡くした若者の入社も決めた。

前教育長の木村氏は、東松島市の庁舎で被災し対策本部に詰めた。大勢の市民が押しかけてきた。火の気もない。電気もない。「自然の前では人間の力はどうにもならない」とむなしい気持ちになった。しかし、人間の素晴らしさを実感させることもあった。家族を亡くしながら、避難所の活動を続ける市の職員、家族の安否がわからないのに避難所活動に打ち込んだ学校の先生、毎日野菜を運んでくれた人、店のすべての商品を提供してくれた商店主もいた。このように他人を思いやる気持ちが大事だと思った。いまは石巻専修大学で「人作りが大事。人のために働く人間を育てたい」と後進の指導に励んでいる。

物理教育が専門の堀込氏は、津波対策として石巻市の追波湾から北上川を遡った津波の実態をスライドで報告。「頭で考えることは限界がある。自然から学ぶことの大切さ」を説く。波が集まるところにエネルギーが集まり、川の上流で多くの人が亡くなった実例を説明した。海岸だけではなく、川上のどこまで津波がくるかを知ることが大事。自分が住んでいる地域を襲う津波をしっかり予想し、「子どもたちに自分のいる地域をどう守るか、それを考えさせることが大切だ」と助言した。

また、中・高生たちは自分が体験した辛い事実とそこから得た教訓をベースにして、未来への夢を語った。特に、学校の図書室から国道で人が津波に呑まれる瞬間を目撃した矢本第二中学校生徒代表の雁部那由多君、二台の車で避難する途中「山へ逃げろ」と家族を逃したあとにもう一台の車中で亡くなった祖父について話した成瀬未来中学生徒代表の佐藤里紗さんの証言が聴衆の胸を打った。雁部君は三年間、自分の経験を心の中に押し込んでいたが、「これからは子どもの視点から震災について語りたい」として、将来は教師になると目標を定めた。佐藤さんは「おじいさんが家族の命を救ってくれた」と感謝し中学に入って防災活動にも参加。「おじいさんのことを話し続けたい」という。避難所でペットと別れて悲しんでいるお年寄りに会ったので、「獣医になって動物と人の心のケアをしたい」と夢を語った（シンポジウムの中学・高校生の発言は、一五二～一五四頁参照のこと）。

助言者の諏訪氏は「中学生の話に感銘を受けた。語りたいことと語れないことがある。あれだけのつらい体験を話せるようにするのが私たちの仕事だ。小学五年の子どもたちがその当時どんなことを考えていたか、それ以後の世代にもわかるようにつなぐことが大切で、子どもたちが語りやすい場を作りたい」と感想を述べた。さらに、津波に対して正しく備えること、正しい防災教育が必要。自分のことを語れる場を作ってあげることが大人の仕事だと指摘した。震災の受けとめ方は人それぞれだが、震災とどのように向き合い、防災につなげるかを考えるいい機会になったのではないかと思う。三月十一日午後二時四十六分、私は松島の五大堂近くで鎮魂の祈りを捧げた。

鎮魂と警鐘——尾花仙朔氏の詩業について

一九六〇年代は現代詩が熱い時代だった。尾花さんの詩は鈴木漠さんらの詩誌「海」（神戸）で読んでいた。一九六八年、私は静養のため東京から仙台へ移住した。尾花さんとの出会いは一九七一年、仙台の詩誌「方」同人合評会の席上だった。尾花さんを神戸の詩人だと思っていたので「ユリイカ」新人賞候補、『荒地詩集』参加の雲上人のような詩人が仙台在住と知って驚いた。それ以来折りに触れて先達詩人の薫陶を受けることができるのは幸いである。尾花さんはじつに神経の行き届く心優しい方で、後輩に対しても秀でた点を推奨し、励ましてくださる。だが、詩人としては屹立した孤高の詩精神と生きざまを貫いておられるのはさすがだ。

これまでの詩業を振り返ると、尾花さんの詩には父母姉妹や妻子など身内の死が色濃く漂っている。個人的な不幸だけではなく、戦争などで理不尽にも亡くなった無名の人々を弔い、霊となった死者たちがこの世を見守るという構図が透けてみえて、個から普遍への広がりがある。第一詩集『縮図』からその傾向が顕著で、判じ絵とその絵解きなどの詩法も含め、すでに詩人固有の詩と思想の原型が表現されている。
「反芻」で繰り返されるお弔いの哀切な寓意性、「贈物」の強烈な批判精神、「虹いろの母韻にじむゆうやけの書」「寂光の書」「あさがおの書」に滲む死者への鎮魂、「雪女《ゆきじょ》まんだら」のひもじい人や病んでいる人への思いなどに、詩人の拠って立つ根拠が感じられる。「ぼくは詩人の予見をもたねばならぬ」(「縮図」)の言葉に、尾花さんの決意が表われている。

第二詩集『おくのほそ道句景詩鈔』は、芭蕉と曾良の句に触発され、豊かな想像力を駆使して自在な詩的表現を展開する。尾花さんの詩は長大で思想的な作品が特徴だが、この詩集は題材や詩型の短さ、詩的愉悦の表現において異色である。俳句、短歌など短詩型文学に通じ、古今東西の文学、哲学、宗教などへの教養を根底に、その本領を十分に発揮した作品である。「涼しさやほの三日月の羽黒山」を下書きにして、三日月に「レモン」の一切れを想像し、そこから「天女」の姿を彷彿とさせて官能的な情景を浮かび上がらせる手法は見事である。しかし、詩人のまなざしは修辞の巧みさを超えて核心に鋭く迫る。詩人自身が生者と死者の境界に立ち、現世と異界のあいだをさ迷う魂を掬いながら、いのちのはかなさと貴さを慈しむのだ。総体的に俳句と現代詩の希有な融合に達している。

第三詩集『黄泉草子形見祭文』では、キリスト教や仏教、実存哲学などの思想的な展開がイメージの幻視性と結びついて、独特の詩的世界を形成している。「パウロと訣れて」では、人類の精神史が始まったイエスの使徒パウロの時代から二〇〇〇年が過ぎたが、神の教えによる人類の救いはなく文明は混乱したままだ。人類の原初に触れた叡知の無量の光はどこへ行ったのかとパウロに問いながら、精神文明の回復を求める。

紙幅の関係で今回は収録されないが、詩集の表題作と詩『夢葬り』は、「なぜ生きるのか」という最もプリミティヴな問いを内に秘めながら、地球という惑星の中に知的生命体として姿を現わした人類の存在の根拠を問い直している。

第四詩集『有明まで』のあとがきで、詩人は「私という〈個〉と〈世界〉との関りを主題にして美しい日本語の詩を書きたい、と志して六十年近くになります」と語っている。個と世界の惨憺たる現実が日本語から抒情の甘美な蜜を奪って久しい。

地雷で足を吹き飛ばされた少年を取り上げた「畑」、世界の深淵や渦潮について明け方まで語りつづける「血の声」などの詩を読むと、私たちの生きている時代や戦乱の続く世界の状況を語るのに美辞麗句はいらない。尾花さんは「美しい日本語」が担わされている負荷と痛苦に堪えて詩を書いているのだ。

黒い神が枕元で人類の滅亡をあざ笑う「ある朝」は、まさに詩人の心が身近なところで時代を映す凄惨な鏡になることを明かす。宮城県の王城寺原で、米軍が撃った銃弾が幾億の花や草木を焼いた事実を突きつける「晩春」では、どこにいて何をしていても、悪意の銃弾が私たちの日常に飛び込んでくることを伝える。

そしてこの詩集の圧巻はIIIの「転生」「夏の淵」「真言」「犬と冥宮」「有明まで」の作品であ

る。尾花さんも「あとがき」で書いているように、太平洋戦争や原爆で命を落とした人々、亡くなった肉親や夫人への深い追悼の思いが込められている。これらの作品にこそ、苛酷な運命に翻弄され、命を奪われた無名の人々の怨念と悲嘆が脈打っている。

　第五詩集『春靈』はこれまでの主題と詩法の集大成であり、さまざまな仕掛けを通して、時空を超えた夢魔と祈りの物語詩に結晶している。プロローグとエピローグを含む全十二章の壮大な長篇詩で、初めて読んだとき重い衝撃と深い感銘を受けた。尾花さんはなぜ魂の叙事詩とも言うべきこの大作に挑んだのか。

　混迷する現代に、詩人はいかに生きるべきかと問う。「((世界は今　途方もなく不幸でむなしい／それなのに　おまえはなぜ　なんのために生きているのか？／おまえは何をしているのか？))」(「I　化外の書」)。このように自らを鋭く問いつめながら、夢魔の世界へ旅立つ。各章の導入部には「春の霊《すだま》」の気配がたちこめ、幻想の奔流が始まる。「ママン」という印象的な呼びかけが、この壮絶な物語詩を導く重要な役割を果たす。「ママン」は単に「ぼくのかあさん」だけの存在ではない。あるときは人類全体の母、広大無辺の宇宙を傷つきながらさまよう地球そのものだ。

　この崇高で哀切な長篇詩は、「ぼく」が母の首を絞めたことで精神病棟に監禁され、その格子から幻影の夢魔を見るという設定で始まるが、その看守「青鮫」の存在がこの叙事詩に複雑な陰影をもたらしている。「青鮫」は「ぼく」の対他的な存在として複眼的な役割を果たす魔性の人物。少年の日に父を殺そうとしたという告白と父が戦地で支那人の夫婦を殺さざるを得なかった挿話が胸を抉る。それは戦時中、多くの日本人兵士が体験した悪夢の再現である。詩人はこの凄惨な歴史的現実から目をそらさない。

そして詩人は地球崩壊へ突き進む文明への批判と一部の権力者たちによる悪業への告発を強める。「ママン！　ぼくには文明とは今／人類の滅亡をたくらむ／魔王への供物のごとく思えてならないのだ」（「X　格子と霊廟」）。銀色に光る物体に乗って地球から逃亡する最後の権力者と取り巻き、そして数人の科学者。「((人類は、この芥子粒ほどの／一握りの者のために……))」（「XI　夢魔と伽藍」）。国家権力中枢の一部支配者による戦争や環境破壊などに対して、詩人は何度も警告を発している。

だが、詩人は人類救済を求める祈りの気持ちを忘れない。最終章「XII　霊領韻」の透き通った美しい光景に人知を超えた救済への祈りを感じるのだ。ガブリエル・フォーレが通常の「死者のためのミサ」の構成を変更して、『レクイエム』の第七曲に「イン・パラディスム（楽園にて）」を加えたように、無為の死を余儀なくされた人々の霊を弔うため、天上の世界での安息を願う詩人の心情が静かに伝わってくる。

最後の一行「弥勒はいまだ顕れない」という詩句も暗示的だ。弥勒とは釈迦牟尼についで仏になると約束された菩薩。釈尊入滅後五六億七〇〇〇万年ののち、この世に下生して、釈尊の救いに漏れた衆生をことごとく済度するという未来仏のことだが、詩人は地球がそれより早く

「五十億年後には（中略）太陽に殉じて滅ぶのだ」（「黄泉草子形見祭文」）として、弥勒になんらかの救済を求める。それに呼応しての詩句だけに、人類の未来を案ずる詩人の心情がこめられている。

「幻景（エピローグ）」は、印象的な詩句で終わる。「飢えた子どもが　ひとり／戦禍の焼土に危うく立って／虚ろな眼で／此方を見ている」。戦場の孤児であると同時に、宇宙の中の孤児としての人類が暗示されているようだ。春の霊が詩の器から立ちこめているような夢魔と祈りに満ちた本書は、修辞優先の閉ざされた現代詩の壁に、思想と情念の風穴を空けた稀有の詩集だと言える。人類や文明の有り様を憂い、鋭い警告を発している尾花さんの詩的営為は、現代詩が到達したことがない詩と思想の領域に踏み込んでいる。

みちのくからの声

オリンピックどころではない

東日本大震災から二年半が過ぎた。そこで震災直後の二〇一一年四月初めに取材した仙台市荒浜の被災地に足を運んだ。津波を食い止めた仙台東部道路を越えると、道の左右で黄金色の稲穂が風に揺れるのを見て思わず目頭が熱くなった。あの頃は防風林だった松の大木が根こそぎ流されて道路脇や田畑に横たわっていた。当時、仙台市の調査によれば、海に近い仙台東部道路東側の約一五〇〇ヘクタールは、排水機能も全壊して作付けできるのは四、五年後になるとのことだったが、なんとか稲作ができるようになった。だが、浜に近い場所は仙台市沿岸部の災害危険地域に指定され、雑草だらけのままである。

道路の左手にコンクリート四階建ての仙台市立荒浜小学校が見えてきた。津波は二階の天井まで押し寄せ、生徒と先生は屋上に避難し翌朝ヘリコプターで救助された。当時、私が見た一階の教室には乗用車が二台突っ込んで逆さまに折り重なっていた。折れたオルガンの白と黒の鍵盤が目についた。落下した円型の柱時計は午後三時五十七分二十秒で止まっていた。廃校となった荒浜小学校は地域の緊急避難場所に指定されていたが、一階のガラス窓は壊れたままで、大破した体育館はすでに解体された。周辺は堤防のかさ上げ工事中でクレーン車が盛り土を積み上げている。伊達政宗が発案した貞山堀は修復されて水は澄んでいるものの、散歩を楽しむ人影はない。

左手の荒れ地に花壇が造られていた。「明るい笑顔を忘れるな」という言葉とイラストで制作された看板と花壇は、修学旅行に来た秋田県大仙市太田南小学校、太田北小学校、太田東小学校の子どもたちが作ったもので、ベゴニア、サルビア、メランポディウムの花が咲いていた。埼玉県立熊谷高等学校ソフトボール部寄贈の花壇では、ワイヤープランツ、ハイビスカストリカラー、オリーブ、むぎなでしこ、美女なでしこが植えられていた。こうした善意の奉仕は心が温まる思いがする。

一方で被災地の遺品を展示した集積場も目についた。玩具、機関車、小さなサッカーボール、水差し、ジョッキ、スニーカー、パイプ椅子、マット類、サンダル、着物姿の日本人形、木彫りのインディアン人形、食卓、釣竿、手提げバッグなどが無造作に積まれている。私たちがただ単にがれきと呼んでしまう遺品には、この地で生きていた人々の暮らしが凝縮されているのだ。一点一点を眺めながら、不慮の災害で亡くなった犠牲者への追悼の思いを深くした。

「荒浜の再生を願う」と大書した手作りの看板があった。この地域一帯は災害危険地域に指定され、住むことができない。仮設住宅などに避難している住民は、他地区への集団移転や自主再建を選択するしかないが、なかには再び荒浜地区に住みたいという人々もいる。荒浜の再生を願う看板には「移転を希望するものも荒浜に住み続ける事を希望するものも『ふるさと荒浜』が好きです。どちらも生きていける道を求めて探しております」という訴えが書かれていた。この地は海岸公園として保存する計画で、今後行政と住民のあいだで協議されるだろう。

どよめく海を背景に、慰霊碑と観音像が建立されていた。慰霊碑は荒浜自治会や七郷地区町内会連合会などが深沼海水浴場に近い町内会跡地に建立した。高さ一・七メートル、幅二・四メートルの黒御影石製。荒浜など七郷地区の犠牲者一八九人と、交通指導中に津波にのまれて殉職した仙台南署交番の渡辺武彦巡査部長（五八）の名前もある。慰霊碑には氏名と年齢が刻まれているが、二歳から十歳までの子ども八人が含まれている。観音像は「荒浜慈聖観音」と刻まれた白御影石製で、宮城県柴田町の石材店が寄贈した。土台も含めた像の高さは約九メートル、重量は約十二トンで、総工費は一〇〇〇万円を超える。

土曜日の午後だったが、慰霊碑と観音像の前には人々がひっきりなしに訪れて手を合わせていた。近くの若林区十文字に住む男性はよく参拝に来るという。「姉と二人の甥が津波に流されて亡くなった。無念です」と話していた。ここだけではなく、どこの被災地でも身内や友人知人を亡くした人と出会う。深沼海岸は波がテトラポッドに白いしぶきを上げ、荒れ果てた砂浜には悠久の時間が繰り返し押し寄せていた。自然はなにも語らないが、海辺に生きる人々は海を憎んではいない。これからも長い時間をかけて人と海は対話を重ねていくだろう。それが二万人近い死者たちへの供養になると思われる。

さらに市町村のなかでは最大の被害を受けた石巻市を再訪した。震災から二週間後の三月下旬、私は石巻の海辺の町で地獄を見た。今回はその後の石巻を肌で感じたかった。ちょうど開かれていた「石巻百景」という写真展を観た。東日本大震災後の石巻地方が復興する情景や震災前と変わらない風景をカメラで撮影した展覧会である。会場のイオンモール石巻には通りすがりの買い物客や家族連れが訪れていた。この企画は被災地の現状と地域の魅力を写真で紹介しようと、ホームページに「石巻百景」を開設している日下羊一さん(三四)と妻真理子さん(三四)が始めたもので、震災直後から二年半で撮影した約十万点のなかから約三〇〇点が展示されていた。

震災直後のがれきに埋もれた海沿いの南浜町、門脇町などの衝撃的な映像から最近の状況までを見比べることができる。被災写真だけでなく、震災後復活した川開きや夏祭などの懐かしい風景、地元の魚や食材を使った料理などの写真もあり、石巻の原風景が楽しめる。最初は遠くに住む両親や親戚、友人に石巻の現状を伝えるために始めたが、その反響は大きく、全国各

仙台市若林区荒浜の海岸に建立された観音像

地と世界各地に散らばる石巻出身者や石巻在住者、震災後の支援活動などで知り合った人との交流が続いているという。

写真は真理子さんが全体の九割を撮影。東京や関西から写真展の開催と写真集出版の依頼がきているが、羊一さんは「石巻は広く日々変化しているので、その一瞬一瞬を撮るために全力を尽くしている。二人で県外に出て写真展を開くのはいまは難しい」と言う。写真集については「いつか出すと思うが、そのためには区切りをつけなければならない。まだその区切りがついていない。しかし、写真展にはブログを見ていない高齢の方や子どもたちが来てくれているので、その先のことを考えたい。ブログには楽しい記事もいっぱい書いていきたい」と抱負を話していた。こうした草の根的な活動は貴重だと思った。

私は写真展を見ている人たちに注目した。悲惨な光景に悲しみの表情を浮かべたり、川開きなどの風物詩には何度もうなづいていた。子どもたちと祖父を連れた中年の女性は、門脇町で被災した西光寺の墓地を指さして祖父に話しかけた。「このお寺にお祖父さんの実家のお墓があって壊されたんですよ。義理の弟が亡くなりました」。高台の泉町に住む梶原俊雄さん（七三）は難を逃れたが、「津波を生で見ている。年中思い出しているよ。親戚や古くからの友達が十数人も亡くなった。復興は遅れている。オリンピックどころではない」と語気を強めた。

日和山公園から旧北上川の河口付近や海に面した南浜町、門脇町を見下ろした。大震災直後は散乱するがれきに覆われた廃墟だったが、がれきは取り除かれて草地が広がっている。灰色の防災ネットに覆われた門脇小学校と墓地の横へ階段を降りると、草地は雑草に覆われた荒れ地だった。解体中の市立病院の右前方の空、残照のスクリーンに白い半月が浮いている。建物はなく荒涼とした風景が横たわっている。震災後の三月下旬に取材したときは、車が積み重なり家屋の残骸や剥き出しになったコンクリートの土台がみぞれを浴びていた。火災で黒焦げになった門脇小学校が異様な光景で迫ってきた。屋上に掲げられた看板「すこやかに育て心と体」。いまはすべて夢の跡である。

門脇小学校前の道路脇に石巻市立門脇中学校柏陵生徒会が作った花壇がある。「咲かせよう勇気の花」という言葉が添えられていた。初秋のヒマワリはすでにうつむき、深紅のキョウチクトウや黄色の菊がひっそりと咲いていた。海沿いの南浜町と門脇町には約一七〇〇世帯が住み、津波と火災で約二〇〇人が亡くなった。コンクリートと木の土台が残っている住居跡には、破壊された門柱に門灯、引き千切られた電線と欠けた茶碗、小さな黒い手提げバッグが落ちていた。

東西南北に交差する道路脇に石巻実行委員会が今年（二〇一三年）三月に建てた慰霊の石像がある。趣旨は「東日本大震災による多くの犠牲者を追悼・鎮魂するため、そして大津波の脅威と教訓を未来に継承し、一〇〇年後、二〇〇年後、一〇〇〇年後までも忘れ去られることのないように、さらにはいまこの地に生きる人々の『心のよりどころ』のため、日本に古くから伝わる『村のはずれのお地蔵さん』を建立しました」とある。「このお地蔵さんを通じ『いのちの絆』を結びましょう／どうか忘れないでください、この大震災を…／未来に繋げましょう。この教訓を…」という内容だった。この地は数年後、（仮称）南浜シンボル公園が建設される予定で、この石像も最終的には公園内に設置されることを希望して、それまでの期間は仮建立になるそうだ。石像の両肩には岡山県高梁商工会議所女性会員一同の二本の折り鶴がかけられていた。これも心の絆の表われだろう。

防潮堤の先は石巻湾。夕暮れの穏やかな海が高さ十数メートルの津波となってこの地を襲ったとは信じられない。堤防には「壁画大作戦」と称して、子どもたちが描いた大きくて色彩豊かな絵画が立て掛けられていた。鯨や海豚が悠然と泳いでいる。暮れていく壮大な夕焼け。日本製紙工場の白い煙が鎮魂歌のように流れていた。中心街は修復されたが、多数の町村が合併した人口約十五万人の広域都市はまだ復興が遅れている。震災で住宅を失い、自力では再建が難しい被災者に対する復興公営住宅の供給や産業基盤の整備、教育環境の再生など課題が多い。

ところで、二〇二〇年の夏季五輪は東京で開催されることが決まったが、被災地に住む人間として違和感を否定できない。気仙沼出身でパラリンピック陸上走り幅跳びの佐藤真海選手が、東京オリンピック招致の最終プレゼンテーションで語ったスピーチには感動した。だが、日本開催はいいとしても、直面する課題は深刻である。福島第一原発の敷地からいまも汚染水が海に漏れているのに、招致委員会の竹田恒和理事長はブエノスアイレスでの記者会見で「福島とは二五〇キロも離れている」と強調。「東京は、食品、水、空気は安全でまったく問題はない」と発言した。被災地の福島を差別するような発言は無神経だ。

また、九月七日の最終プレゼンテーションで、安倍晋三首相は汚染水問題に触れて「状況はコントロールされている。私たちは決して東京にダメージを与えない」と安全を約束した。だが、現実問題として汚染水漏れの原因と対策は不透明である。首相は十九日に第一原発を視察し、汚染水の影響は付近の湾内でブロックされているとの認識を重ねて示して「事故処理、汚染水処理は前面に出て私が責任者として対応したい」と記者団に決意表明をした。だが、汚染水の漏れはとどまらず、設置予定の凍土遮水壁も地下への浸透が懸念されている。増え続ける地上タンク。それをどうするのかも決まっていない。

福島県ではいまもなお十五万人近い人々が全国で避難生活を余儀なくされている。五輪開催をはしゃぐ前に、被災者の生活を救済するのが先ではないか。「福島民報」によれば、妻と二人で仮設住宅に暮らす高橋政雄さん（七八）の自宅は、原則立ち入り禁止・帰宅困難区域内の浪江町にある。五輪開催は歓迎したいが「やはり心から喜べない。その前におれたちの生活をなんとかしてほしい。（五輪が開かれる）七年後、自宅に戻っているかもわからないから」と語っている。

詩人根本昌幸さん（六六）の自宅も浪江町にある。根本さんは震災当日、福島第一原発南側の富岡町駅前にいた。建物が崩れてきて危険な状態だった。そこは海から三〇〇メートルの至近距離。海を見ていると、二十五分後に黒い波が風のように襲ってきた。津波の高さは約二十一メートル。「もし避難が遅れていたら、命はなかった」と振り返る。その後、福島市に避難。三カ月後に相馬市へ移った。あれから二年三カ月が過ぎ、メニエール病と闘いながら詩を書き続けている。「オリンピックで浮かれているどころじゃない」。被災地では人手不足や資材高騰で復旧・復興に遅れが出ている。五輪関連工事による影響で復興が置き去りにされる心配がある。石巻でも聞いた「オリンピックどころではない」という声が再び胸を鋭く抉った。

消えていく震災遺構

東日本大震災の風化を象徴するように、被災地の震災遺構が消えていく。宮城県内外の有識者らで組織された「三・一一震災伝承研究会」では二〇一二年九月、東日本大震災の津波の猛威や教訓を伝える「震災遺構」として、建造物や自然景観など県内四十六カ所の保存候補を発表した。主な候補は気仙沼市鹿折《ししおり》地区に打ち上げられた大型漁船「第十八共徳丸」、町職員ら四十三人が犠牲になった南三陸町の防災対策庁舎、女川町の津波で倒壊した江島共済会館、旧女川交番、女川サプリメント（薬局）の鉄筋コンクリートビル三棟などを盛り込んだ。しかし、地方自治体の財政難や解体を求める遺族の思い、後世のために保存を望む意見などが交錯して、保存に動き出した事例は少ない。むしろ、解体、撤去の決断を下す自治体が続出しているのが現状だ。

震災遺構として最も象徴的だったのは、気仙沼市鹿折地区に海岸から約六〇〇メートルも流された大型漁船「第十八共徳丸」（三三〇トン）だった。あの日、十二メートルを超える津波が海岸から十・五キロ離れた国道四五号線まで押し寄せた。その後、火災が発生し炎が市街地を飲み込んだ。鎮火したのは二週間後の二十三日、災害発生から十二日後だった。私が鹿折地区を訪れたのは震災から半年後の九月二十九日。全長六十メートルの大型漁船の舳先下から船を見上げると、異様な存在感に圧倒された。この巨大な船体を押し流し、住宅を破壊するなどの被害をもたらした津波の恐ろしい力を実感した。鹿折地区のがれきは取り除かれたが、ＪＲ鹿折唐桑《からくわ》駅はいまだに復旧していない。

当初、気仙沼市は震災遺構として保存を目指していたが、船主の儀助漁業・柳内克之社長（四〇）＝いわき市＝はことし三月二十四日、菅原茂市長ら関係者に解体の意向を伝えた。地元の自治会関係者や商工業者は保存を望んだ。気仙沼商工会議所の臼井賢志会頭は「被災地からのメッセージは今後も必要だ。共徳丸の存在感は大きく、津波を経験しない後世の人々の教訓にもなる」と強調した。これに対し、柳内社長は「昭和初期の津波と違い、今回は映像がたくさん残っている。映像を通しても津波の教訓を伝えていくことができる」と反論。議論は平行線をたどった。

市民の声を反映させるために、気仙沼市では市内全世帯を対象にした市民アンケートを実施。その結果、「保存が望ましい」との回答は一六・二％、「保存の必要はない」が六八・二％となって、菅原市長は八月五日、保存を断念すると表明した。その背景には「毎朝、船を見ると震災のことを思い出す。早く撤去してほしい」という被災者の思いや解体を主張する船主の意向が強く働いた。また、保存費用は四億〜十億円とみられ、国の支援が得られないことも影響した。八月九日から解体作業が始められ、十月末までに船体のすべてが撤去された。

南三陸町の防災対策庁舎も代表的な震災遺構として注目を集めた。震災の日、南三陸町職員の遠藤未希さん（二四、当時）は防災庁舎へ駆け込み、二階の危機管理課の放送室で防災無線のマイクを握った。「大津波警報が発令されました。高台に避難してください。六メートルの津波が予想されます。逃げてください」と呼びかけた。南三陸町の住人約一万七〇〇〇人のうち、半数近くが避難して助かった。防災無線の声が三十分も続いたころ、津波は庁舎に迫っていた。上司の指示で遠藤さんたちは席を離れた。同僚は放送室から飛び出す遠藤さんの姿を目撃している。その直後、十五・九メートルの津波が押し寄せ、志津川の町を飲み込んだ。津波のあと、屋上で生き残った十人のなかに、遠藤さんはいなかった。防災対策庁舎では遠藤さんのように職務を果たした職員を含む四十三人が命を落とした。

防災庁舎をめぐっては、貴重な震災遺構として保存するか、解体するかで議論が分かれた。佐藤町長は「訓練や言葉だけの伝承だけでは命を救えない。未来の町民に何かを残す責務がある」として震災から二年半のあいだ、保存の可能性を探ってきた。遺族や町民から「早期解体」「解体の一時延期」「保存」の三通りの陳情があった。こうした複雑な事情もあって、ことしの九月二十六日、佐藤町長は防災庁舎の解体、撤去を表明した。

「河北新報」などの報道によれば、佐藤町長は解体決定に至る経緯について「悩みに悩んだ。二万人近くが犠牲になった大災害を後世に伝えるために必要な遺構ではないかとの思いがある。（解体は）私一人で決断した」と語った。保存を断念した理由について①国が方針や財政の手

43人が犠牲になった宮城県南三陸町の防災対策庁舎

当を示さず町任せにしている②判断を先延ばしすると復興計画を具体化するうえで庁舎の存在が支障となる③町単独で保存経費が重荷になる——などを挙げた。町の計画によると、庁舎周辺は四メートル程度かさ上げし、震災復興記念公園を整備する。佐藤町長は「震災の記憶を後世に残すために、庁舎の一部を再利用できるかどうかを検討したい」と語った。解体は県に委託しているが、村井嘉浩知事は二十八日、国の財源確保のめどがつけば解体の是非を時間をかけて検討する考えを示した。

防災庁舎が解体される前の十月十八日、現地を訪れた。新志津川漁港に面した被災地は荒れ地になっていた。防災庁舎は赤茶けた鉄骨が剝き出しで、波の方向にねじ曲げられた鉄骨は、津波の凄まじさを感じさせる。庁舎の前には花束などが捧げられ、多くの人々が次々に訪れて犠牲者の冥福を祈っていた。愛知県安城市からきた松田さん（六〇）は「中にいた人がどんな思いで津波と対したかと想像すると、胸が痛みます。鉄骨だけとはいえ、建物の空間が残っているから、津波がどこまでの高さで襲ってきたかがわかる。保存してほしい」と話した。

南三陸さんさん商店街の入口近くの高台に新築の寿司屋があった。すし・どんぶりの店「くう海」の店主菅原国彦さんは、海に近い場所に自宅と店があったが、津波で流された。震災から二年経過の七カ月前に高台に移転して新しい店を出した。「防災庁舎は残してもらいたい。庁舎を拝みにくる人もいるし、店にはプラスになるからね」と本音をもらす。「遺族の皆さんの気持ちもわかるが、津波の恐怖を伝えられるのは庁舎の存在があるからだと思うよ」と防災庁舎の解体・撤去を批判した。

同じくバラック建ての「クリーニング・きくた」の菊田さんは「防災庁舎は残してもらいたいけど、鉄骨だから錆びて傷んでしまう。これから三年もすれば倒壊してしまうかもしれない。遺族の気持ちもあるし、解体もやむを得ないのではないか」と話す。「津波がきたとき、このあたりはダムのようだった。町の復興計画でこの地に家は建てられない。道路など交通網の整備やかさ上げの計画もある。復興は遅れている。だから庁舎の解体・撤去は仕方がない」と地域の事情を語った。海抜十六・六メートルの上の山公園から海を眺めた。あの日、この町を津波が襲ったとは考えられないほど秋の海は穏やかだった。しかし、周囲を見回すと堤防の補修工事をしているクレーン車以外に活気はなく、まさに荒涼とした光景が広がっているだけだった。

一方で震災遺構を保存しようという動きもある。前述のように、女川町中心市街地で倒壊した建物は離島・江の島の島民の宿泊施設だった「江島共済会館」と旧女川交番、民間の薬局だった「女川サプリメント」。町の復興計画策定委員会は二〇一一年六月に「津波による鉄筋ビルの倒壊は世界的にも珍しい」として保存の方向性を示した。町の調査では、鉄筋コンクリートの江島共済会館は耐久性の点で長期間の保存は難しいとされる。他の二つは補強すれば可能だが、補強費用だけで一つ当たり数千万円かかるという。「震災を思い出すから見たくない」という住民の声もあるが、防災を学ぶ地元の中学生は保存を要望した。二〇一二年十一月、当時の女川一中（現女川中）の生徒たちは「一〇〇〇年後に津波被害を伝えるために必要」と町に保存を提案した。保存か解体か。この町でも住民の意見は割れているが、須田善明町長は復興計画の一部に含めて震災遺構として保存することを決断し、国に対して復興交付金の適用を要請している。

岩手県では津波で釜石市の観光船が大槌町の二階建ての民宿の屋根に乗り上げ、一時、保存が検討されたが、その年の四月下旬に解体・撤去された。しかし、大槌町では旧役場庁舎の一部保存を決めた。町役場は直線距離で海岸から約三〇〇メートル。加藤宏暉町長らは老朽化した庁舎内は危険だと判断し、災害対策本部を外に置こうと役場前に出てきた。そのとき、高さ十メートルを越える黒い波が押し寄せた。周囲は平地で逃げる場所は庁舎の屋上しかなかった。庁舎には約一〇〇人の職員がいたが、二階から屋上へ続く幅三十センチほどの鉄製はしごには、約六十人の職員が殺到した。屋上までたどりついたのは二十二人だけだった。加藤町長は八日後の三月十九日に、役場から約五〇〇メートル離れた場所で死亡が確認された。同町では死者約八〇〇人、約四〇〇人が行方不明になった。

私は二〇一二年六月十一日、台日文学者交流会の一員として被災地訪問に同行した。大槌町役場は荒廃したまま残っていた。役場前には現地を訪れた人々が手向けた花々がひっそりと飾られていた。近くの広場には被災した数多くの車が無残な姿をさらしていた。故加藤町長の後を継いだ碇川豊町長は、昨年（二〇一二年）十月、旧役場庁舎をめぐって検討委員会を設置し、遺構保存、伝承文化、都市計画の有識者をはじめ町議会、職員組合、高校生、庁舎で犠牲になった職員の遺族の代表十一人で構成。合意は困難だったが、議論を通じて復興への思いを共有した。そのうえで旧役場庁舎の正面玄関付近を一部保存する方針を決断した。

三陸海岸の根浜海水浴場から近い釜石市の鵜住居防災センターでは、避難した多くの住民が犠牲になったが、釜石市の野田武則市長は一部の遺族から建物の保存、解体延期の要望があったとして、当初の本年十月中旬の解体時期を十二月二日まで延期。建物を三次元映像で記録するための測量データ収集を民間に委託し、銘板や津波の跡が残る壁、床の一部を遺族の要望に応えて保管して、今後、保存方法を検討する方針を示した。こうした事例は各地でもみられる。

宮古市田老《たろう》地区は「万里の長城」とたとえられる巨大防潮堤を超えて津波が押し寄せた。「たろう観光ホテル」は津波で六階建ての四階まで被災し、一、二階は骨組みだけになった。市内では防潮堤と同ホテルを組み合わせ、防災教育につなげようという動きがある。市は昨年春にホテルを震災遺構として保存する方針を決め、国の復興交付金の活用を目指しているが、遺構保存への国費投入に難色を示す国に振り回されているのが現状だ。このように財政的にも難しい課題に直面しているケースが多い。

その要因は国が復興交付金を遺構保存に使うことを認めないからである。大型漁船「第十八共徳丸」の保存に意欲を見せていた菅原茂気仙沼市長が当てにしていたのも国の復興交付金だった。ことし三月になって、国は復興交付金の使途に「震災遺構保存に向けた調査」事業を認める方針を示した。しかし、それは各自治体の遺構保存に向けた調査費を認めただけであった。復興庁の遺構に対する考え方は「及び腰」に見える。被災地では住宅再建が先決。遺構に関しては自治体と費用負担などを含め慎重に検討する必要があるとして、明確な指針を示していない。佐藤仁南三陸町長は「自治体が決断すれば国として支援するメニューがあってもいいのではないか」と提言する。

宮古市はホテル保存について、復興交付金事業に五度申請し、認められたのは調査費三五〇〇万円だけだ。当初はホテルのバリアフリー化、駐車場、周辺の公園整備など約一万平方メートルを保存する計画で、事業費を約十三億円と試算した。しかし、国からたびたび圧縮を求められ、五度目の申請では建物のみの保存に絞って約二億五〇〇〇万円まで圧縮した。市では維持費などが復興交付金事業に認められれば、事業費の一部負担や全国に寄付を募ることも検討している。また田老地区の巨大防潮堤、津波語り部、たろう観光ホテル、津波のDVD映像の四つのセットで、見学者に津波の恐ろしさを伝えたいとしている。遺構保存への粘り強い交渉が他の自治体のモデルケースになるかもしれない。

国は「震災の伝承」をうたいながら、無為無策のまま二年半が過ぎた。震災復興予算を全国にばらまいて復興以外の用途に使った例もあり、被災地から批判をあびた。国はもっと本腰を入れ、震災遺構の保存と伝承に取り組むべきだ。原爆ドームは核の脅威と平和への願いをこめて保存されたが、津波の恐怖と教訓を後世に伝えるために、国は震災遺構の保存に対して積極的に取り組むべきではないか。それが震災で犠牲になった人々への鎮魂と復興に向けての礎になるのだと思う。

《追記1》女川の「江島共済会館」と「女川サプリメント」は撤去された。

《追記2》宮城県震災遺構有識者会議（座長・平川新宮城学院女子大学長）は二〇一四年十二月十八日、南三陸町防災対策庁舎を「世界的に最も知名度が高い東日本大震災の遺構」として、保存する価値があるとの総合評価を示し、村井嘉浩知事に時間をかけて保存の是非を判断する必要性を指摘した。村井知事は二〇一五年一月二十八日、震災発生の日から丸二十年となる二〇三一年三月十日まで、防災庁舎を県有地化し維持管理するので、保存の是非は冷静な議論のあとに決めてほしいと提案した。佐藤仁南三陸町長は「ボールはこちらに投げられた。検討したい」として、受諾するかどうか明言を避けた。二十年後としたのは、広島市の原爆ドームが原爆投下から二十一年後に保存が決まったことを踏まえている。

巨大防潮堤と海辺の生活《くらし》

前項で「消えていく震災遺構」の問題を取り上げ、震災遺構の保存と震災の啓蒙活動に消極的な国の政策を批判したが、その後、国が遺構保存のあり方について具体策を示したので、その続報から始めたいと思う。

村井嘉浩宮城県知事は（二〇一三年）十一月九日、首相官邸で行われた全国知事会議における安倍晋三首相との懇談で、被災地の震災遺構について「広島の原爆ドームのように残していくことは重要だ。国が方向性を示せば、難しい判断に直面した市町の負担が軽くなる。考えを示してほしい」と問いかけた。安倍首相は震災遺機構の保存は「国が決めてもいいものだろうか」と慎重な姿勢を示した。しかし、根本匠復興相は「まちづくりとの関連性や維持管理、住民の合意など一定の整理がされた震災遺構は、保存への支援を検討している」と前向きな考えを示した。

十一月十五日、復興庁は東日本大震災の津波被災地に残る震災遺構の保存について、財政支援を明らかにした。保存にかかる初期費用に国の復興交付金を充てるが、宮城県などが求めていた維持管理費は過去の遺構保存が自治体の負担や、寄付金で対応していることなどを理由に支援しない。住民合意にいたるまでの応急的な修理費は負担し、各市町村一カ所のみとした。結果的に合意にいたらなかった場合は解体、撤去費用をそれぞれ支給する。支援の条件は、復興まちづくりとの関連性、維持管理の見通し、住民、関係者が保存に合意していること、とした。

この問題をめぐって、宮城県は十一月二十二日、県内沿岸十五市町の意向を確認する会議を県庁で開き、保存する遺構を検討する会議の設置が了承された。県は検討の進め方として①有識者会議で保存すべき遺構をまとめる②議論を踏まえ、県の考え方を市町に示す③県と市の考え方が違う場合は協議する——の三点を示した。有識者会議は約十人で構成し、十二月中旬をめどに初会合を開く。構成員は研究者のほか、県市町会長の仙台市長や県町村会長の利府町長を加える。検討期間は設けずに選定する。村井知事は「県全体でバランスを取り、判断することが重要だ。有識者会議の結果をもって市町と協議し、残すべき遺構を決めたい」と理解を求め、了承された。

南三陸町の防災対策庁舎の解体については、当面見送られることになったが、解体を決めている佐藤仁町長は「初期費用の負担などを総合的に考え（解体を）判断した。この二年半にわたる町と町民の苦悩を理解してほしい」と保存を検討する県の方針に不快感を表わした。有識者会議については「解体方針を変えるつもりはないが、検討の枠組みには賛同する」と語った。また、他の市町の首長からは、初期費用だけではなく維持管理の負担も国に求める意見が相次いだ。支援対象が各市町一カ所とされたことに対する懸念の声も聞かれた。国や県、有識者会議では、こうした地域の意向を十分に反映させた対策が必要だ。

さて、東日本大震災の沿岸部は総延長三八九・三キロ、事業費総額八五〇〇億円、最大の高さ十四・七メートルの巨大防潮堤の計画が進み、すでに一部着工している地域もある。そのうち、宮城県は工事地区三九二、総延長二四八・一キロ、事業費概算四六〇〇億円（河北新報社調べ、六月末と七月末の合計）。国と県を挙げての国家プロジェクトである。しかし、問題がある。住民の合意が必ずしも十分得られてないばかりか、自然の景観や生態系、漁業への配慮も十分に検討されないまま、二〇一五年度末までに建設を完了しなければ国から費用が下りないという切迫した状況で工事が始まっている。

防潮堤に関しては、国が二〇一一年七月、数十年か数百年に一度の割合で発生する明治三陸大津波級のレベルI（L1）津波に対応する防潮堤の整備を関係機関に通知した。各県は港湾や海岸線の形状に応じて分割したエリアごとに、過去の津波痕跡高などに基づいた防潮堤高を設定した。分割エリアは岩手県が二十四、宮城県が三十五、福島県が十四。それぞれ基本計画を定め、海抜五〜十五・五メートルで設定されている。宮城県の場合は、宮城県沿岸域現地連絡調整会議が作成した「宮城県沿岸における海岸堤防高さの設定について」（平成二十三年九月九日付）によって決められている。

この防潮堤建設は、集落の高台移転や避難道整備と並んで、命を守る津波防災の最重要施設になるが、地元住民のあいだからは水産振興策や景勝の観点から建設に反対する声が出ている。県は気仙沼市中心部の内陸地区に海抜五・二メートルの防潮堤建設を想定しているが、これには地元住民や商店主などが反発している。気仙沼商工会議所の臼井賢志前会頭は「漁港都市・気仙沼は海こそが財産。コンクリートで海と陸を遮断すれば、市の価値をなくす。民の声を感じてほしい。建設を急がず聞く耳をもってほしい」と求めている。

こうした県の防潮堤計画に対する地元合意について十一月二日、県議会で討議された。気仙沼中心部の内湾地区防潮堤について議員は「知事は高さは変えないとしてきたが、今議会前の住民との意見交換会では、柔軟な姿勢も示している。早期合意への対応は」と質問した。村井知事は「地域の理解が得られるよう配慮や構造の工夫、高さ低減の可能性について地域の意見を踏まえ対応したい」と説明、「堤防整備は、各市町の復興まちづくり計画に大きくかかわる。今後も地元との連携を図り、一日でも早く合意が得られるよう努力する」と答えた。

また、唐桑半島の鮪立《しびたち》漁港は、海抜九・九メートルの防潮堤建設計画がもち上がっている。地元住民が宙に張ったネットで高さを想像すると、海がまったく見えなくなるのは明白だ。同地区は切り立った急斜面が海に迫り、平地が少ない。計画では断面が台形型で底辺は二十〜三十メートル。約三〇〇メートルにわたって分厚いコンクリートの壁が港をぐるりと囲む。ワカメなどの養殖を営んでいた漁師は「崖があるから逃げればいいんだ。海で働く人が多いのに、使いづらい港になる」と話す。こちらも慎重な協議が必要だ。

石巻市の牡鹿半島・十八成《くぐなり》浜は、津波で流された集落跡に海抜六メートルの防潮堤を新設する計画を立てる。建設に合わせ、市は防潮堤の海岸側に砂浜を再生させる。山側では宮城県が海岸沿いに通っていた県道を海抜十メートルの位置に移設。防潮堤と県道のあいだをかさ上げし、海水浴客らを対象にカフェなどが並ぶ誘客エリアにする構想を打ち出す。しかし、このプランに対し、住民団体「十八成ビーチ・海の見える丘協議会」では、誘客エリアは必要なのかと首をかしげる。防潮堤の必要性にも疑問を投げかけ、どのような地域をつくるのか、行政は住民との話し合いの場を十分に設けてほしいと注文をつける。

晩秋の季節、気仙沼市本吉町の大谷《おおや》海岸を訪れた。大谷海水浴場は風光明媚な自然に恵まれ、約一キロにわたって砂浜が続く。水質が良いところから、国の「快水浴場100選」に選ばれているが、いまは破壊されて防潮堤代わりに黒い土のうが積まれ、墓石のようなテトラポッドが不気味だ。わずかに残った砂浜には木片や漂流物が散乱し、荒涼とした風景が震災の爪痕を感じさせる。海岸には防潮堤の「計画堤防高さ九・八メール」を表示する看板が掲げられている。ビルの三階ぐらいの防潮堤ができたら海岸は完全に消滅するだろう。

道の駅大谷海岸の農林水産物流センターは海に面している。レストランに勤める中年の女性は「防潮堤ができたら、海が見えなくなる。毎日、見ているのにねえ。私は高台に住んでいますが、海辺の地域の人たちはみな反対しています。津波が来たら、防潮堤では防ぎ切れない。海岸を残して避難路を整備してほしい」と話している。近くの駐車場には献花台が設けられ、大小の花束が手向けられていた。

海抜十メートルの高台に住む斎藤愛子さん（七六）は、自宅にいて津波が押し寄せてくるのを見た。斎藤さんは裏の公民館へ逃げた。水は庭まで上がってきたが、自宅は無事だった。だが、海に近い場所にあった建設業の事務所や、眼下の密集した住宅はすべて押し流された。斎藤さんも「どんなに高い防潮堤を造ったって、津波はそれを越えてくると思う。自然のままの方がいい。津波が来たら、高いところへ逃げればいいのです」と防潮堤の建設には疑問の声を発していた。

大谷中学校仮設住宅で自治会長を務める大内守雄さん（七一）は、本吉町大谷で被災、自宅

計画防潮の高さ９・８メートルを表示する看板。海が見えなくなる大谷海岸

を流された。家の近くにいた大内さんは津波に気づいて高台に避難。幌シートで囲いを作り、火を炊いて野宿したが、雪が降って来て寒く、水で濡れた人や乳飲み子もいたので近くの寺に移った。その寺で三二〇人が避難生活を送った。行政区長の大内さんは、顔見知りの被災者たちを統率して三カ月を過ごしたあと、大谷中仮設住宅（一八六戸）に移転した。それからさらに二年半が過ぎた。現在は一五一戸の人々がここで生活している。

大内さんは大谷海水浴場を潰すような計画に反対を唱える。海水浴場は地区の財産であり、本吉町大谷地区では計画凍結の署名運動を展開し、住民一三二〇人の署名を集めて気仙沼市役所に提出した。「現在計画している防潮堤を海辺から陸の方へ移し、海岸を残すように変更してほしいと望んでいるのです」。防潮堤の建設は地域の復興計画と密接に結びついている。海岸線を通っていたJR気仙沼線は津波で決壊し、現在不通になったままだ。JRでは八月に海沿いの路線を内陸に移す考えがあると表明した。大内さんは「JR、国道四十五号線、防潮堤の内陸移転をセットで考えてほしい。いまはJRの決定待ちです」という。

また、九・八メートルの防潮堤ができれば、海がまったく見えなくなる。国道を走る車は危険を察知できない恐れがある。大内さんは「国道をかさ上げして、堤防の高さと同じにすればいい。堤防の近くは危険地域で家も建てられない。利用価値がないなら、国道と堤防のあいだを埋めたらどうか」と提案する。防潮堤の高さについても「もっと低くしてほしい。一律に九・八メートルの高さにすることはない。観光地としての海水浴場に配慮願いたい」と要望している。

宮城県土木部河川課海岸整備班では、大谷海岸については海水浴場を残すように計画を変更する考えもあるという。これまで大谷海岸は林野庁の管轄だったが、近く宮城県に移管する予定で、その後、県は地元住民と協議し、防潮堤の内陸への移設や高さを下げる案も検討する方針だ。

十一月二日の県議会で議員が「大谷海岸は震災前同様に海水浴場とするために砂浜を残してほしいという要望があるが、防潮堤の設置場所はどこで、いつごろをめどに合意を目指すのか」と質問した。農林水産部長は答弁で「防潮堤を海側に前出しする当初の計画から陸側へ大きくセットバックすることが可能になった。防潮堤と一体となったまちづくり計画を策定し、気仙沼市とも地元調整を進めている」と語った。大谷海岸だけではなく、県には地元の意向に十分配慮した防災対策を望みたい。

巨大防潮堤の建設は海辺の生態系にも大きな影響をもたらす。

仙台市宮城野区の七北川河口に面する蒲生干潟《がもうひがた》は、東日本大震災の津波や台風による高潮の影響で、地形の一部が変わるなどの被害が出た。この地域には海辺から二十メートルの位置に高さ七・二メートルの防潮堤が建設される。この干潟には天然記念物のコクガンやシギ、チドリなどが飛来する。宮城県レッドデータブックで準絶滅危惧種に指定されている「ハママツナ」や環境庁のレッドリスト指定の準絶滅危惧種指定の巻き貝「フトヘナタリ」などの生物も生息していた貴重な干潟である。

「何も言えない動物たちのために」活動する〈蒲生干潟を守る会〉は、県の計画では干潟を浸食する恐れがあり、防潮堤の高さを四・三メートルに下げ、海から四十メートルの位置まで移すように要望している。こうした生態系に影響を与える建設工事は変更すべきである。

それにしても、どうしてコンクリートで巨大防潮堤を造るのか。コンクリート耐用年数は約六十年。その後はまた補修などに費用がかかるのは明白だ。万里の長城のようなコンクリートの防潮堤ができれば、海からの眺めは一変する。三陸の海岸はどこまでも白い要塞で覆いつくされる。自然は一度壊されると元通りに回復するのは難しい。安全は大事だが、海辺の自然美とそこでの生活を守るほかの方策はないのか。コンクリートから緑へ。次はこの問題を考えてみたい。

＊大谷海岸を除く記述については、「河北新報」の記事を参考にした。

海岸に森の防潮堤を

東日本大震災のあと、海辺のまちを訪れるたびに、荒廃した光景を目の当たりにして、悲しみで胸がふさがれる思いがする。太古の昔より、水産資源に恵まれた三陸沿岸は、豊かな水をたたえる森から湾に流れ込む川によって、森、里、海という自然の循環がよく保たれてきた。しかし、その連環が断たれて、いまは見る影もない。そしていま、国の管轄事業として、コンクリートの巨大防潮堤が海辺に造られている。防潮堤建設によって、陸と海との豊かなつながりが分断され、海辺の暮らしに与える影響も大きく、人間と自然とのつながりに深い亀裂を残す。

コンクリートの耐久年度は約六十年と言われる。その後は補修費用だけでも大変な額に及ぶ。一〇〇〇年に一度の災害に備えてそれほど有効とは思えないものを建設すること自体が疑問である。宮古市田老町の「万里の長城」と呼ばれた巨大防潮堤でも、津波を防ぐことはできなかった。たとえ減災のためとはいえ、コンクリートの要塞で三陸の海を覆うという画一的な公共事業の内実こそが問われる。もっと別の選択肢はないのだろうか。

植物生態学者の宮脇昭氏（横浜国立大名誉教授）は、約三〇〇キロから四〇〇キロの東北の海岸沿いに、いのちを守る森の防波堤を造る「森の長城」計画を提案している。従来の防潮林は白い砂浜と合うので「白砂青松」としてアカマツ、クロマツが主だが、マツは根が浅く、マツだけの単層林は弱いという欠点がある。陸前高田市の海岸では、七万本のマツが幹折れし、根こそぎ倒れた。それが二回目、三回目の大津波によって内陸まで押し流され、住宅や車まで破壊して二次災害をもたらした。その意味で防潮林の強度が問題になる。

宮脇氏によれば、東日本大震災で生み出された被災地のがれきを選別し、穴を掘って埋め、残土と混ぜる。木片やコンクリートのがれきと土壌のあいだに空気層が生まれる。その上に盛り土をしてマウンドを造り、その土地本来のさまざまな種類の常緑広葉樹を植えて森を造成する。樹木の根は地中に入り、根ががれきを抱くことで木々が安定する。有機性の廃棄物は、年月をかけて森の養分になる。その土地に根差した森は、地中に深くしっかりと根を張り、根こそぎ倒れることはない。津波災害時には破砕効果で津波のエネルギーが減殺される。引き水時にはコンクリートの防潮堤と違って、水だけが抜けて漂流する人々や財産を食い止めることができる。

宮脇氏の提案に対して、国や県は「素晴らしい発想ですね」と言いながら採用しない。宮城県では産業廃棄物をすぐ土に埋めることはできないと拒否された。環境に悪影響を与える毒物などは排除し、ビニールなどの分解が困難なものも分別する。分別の終わった九〇％以上のがれきは、泥にまみれた木質資源や家屋と建物の土台に使ったレンガ、コンクリートの破片など、有効な地球資源。既成概念や前例にこだわり、単純に廃棄物と考えず、正しい知見で毒性物質を取り除いたがれきを使うことが望ましいと宮脇氏は主張する。がれきには亡くなった人や生き残った人たちの思いが込められているからだ。

いのちの森をつくるには、土地本来のシイ、タブ、ミズナラ、カシワ、コナラなどの照葉樹林帯を形成する樹木のドングリから育てた苗木を植える。二、三年は必要に応じて除草する。取った草は焼いたり、ほかの場所に捨てないで、敷きわらの追加材料にすれば、分解されて木々の生育する養分になる。植樹のさいはさまざまな種類の苗木を密植し、競り合い効果で三年経てば管理がいらなくなる。十年ぐらいまでは競り合い効果とともに相互に助け合う効果も発揮される。十五〜二十年くらい経つと自然淘汰によって多層群落の樹林に移行する。

土地本来の森とは、高木層、亜高木層、低木層、草木層の多層群落を形成する。高木層はタブノキ、シラカシなどの巨木。亜高木層はヤブツバキ、ヤツデ、ジュウモンジシダ、ウラジロガシ、アオキ、ヒサカキ、ネズミモチ、モチノキ、シャリンバイなど。低木層はハマゴボウ、テリハライバラ、アカガシ、シロダモ、マサキなど。草木層はハマニガワ、ハマエンドウ、ハマヒルガオ、コウボウムギなど。こうした広葉樹林帯がマツなどの単層林よりも、災害に強い防潮の森になる。

二〇一二年三月三日、「いのちを守る森の防潮堤プロジェクト推進シンポジウム」（NPO法人国際ふるさとの森づくり協会主催、河北新報社など共催）が仙台市の東北福祉大で行われた。東日本大震災の震災がれきを活用した盛り土に多様な樹木を植える「森の防潮堤プロジェクト」の提唱者、宮脇昭氏は、講演の冒頭で「地球の遺伝子（DNA）の歴史は四十億年、人類が登場して五〇〇万年になる。何度も大災害や危機はあったが、人間も動植物も生き延びてきた。一番大切なのは、地球に続いてきた命と遺伝子を守ることだ。明日に向かって遺伝子と命を守る森の防潮堤を東北につくり、震災の危機をチャンスに変えてほしい」と語った。

次いで、がれきを地球資源として有効利用し、土と混ぜて木を植えるためのマウンドを造成、土地本来の木を植えることを提唱した。さらに「石巻市北上中で、がれき利用の森づくり活動をしたところ、落ち込んでいた中学生が笑顔を見せてくれた。木を植える行為は、明日を植え、命を植えることにつながる」と述べた。宮脇氏は国内外一七〇〇カ所以上で植樹を指導し、四〇〇〇万本以上植えているだけに、その発言は説得力がある。この後、被災自治体の首長、協賛する企業によるパネルディスカッションが行われ、景観にも配慮しながら津波に備える防災・環境保全林について意見交換した。

岩手県大槌町では、二〇一二年四月三十日、淀川豊町長ら約四五〇人が、宮脇昭氏の指導により緑の防潮堤で津波防災を目指す民間事業「千年の杜《もり》」の植樹会を行った。千年の杜事業は、横浜ゴム（東京）が同町を流れる小槌川沿いの約七五〇平方メートルで実施。震災で発生したがれきや流木などに土をかぶせ、高さ四メートルの堤を築き、その上に人工林を整備する。大槌町の計画では、根が地中深くまで伸びるカシ、タブなど十六種三〇〇〇本の苗木を植えた。木は十年後に十～十五メートルに成長し、津波を減衰させることが期待できる。

二〇一二年十月七日には、東日本大震災で多くの犠牲者が出た宮城県気仙沼市波路上《はじかみ》地区で「海辺の森の植樹祭」があり、地域住民らが沿岸部の景観を守る防潮林の形成を目指し、タブやシラカシ、ヤブツバキなど三〇〇〇本を植えた。植樹活動を通じ復興に向けたまちづくりを考える住民グループ「海べの森をつくろう会」と気仙沼市、被災地での植樹を支援するイオンの共催。県内外から約五〇〇人が参加した。

会場は海岸から三〇〇メートルほどの民家跡地約一〇〇〇平方メートル。開会式では津波で一家三人が流された場所の提供を受けたことが紹介され、参加者たちは鎮魂の思いを込めて植樹作業を進めた。宮脇昭氏の指導に従い、園地にコンクリートがれきを埋め、高さ一〜二メートルの小高い丘に盛土した。樹種は地域に自生する照葉樹とし、高木、低木を混植する方法も取り入れた。こうした海辺に緑の防潮堤を造る試みは、未来に向けて希望をつなぐ貴重な営みだと思う。

二〇一三年の暮れに、岩沼市野田郷《のだごう》相野釜《あいのかま》地区の海辺を訪ねた。岩沼市が進める「千年希望の丘」事業で二〇一三年六月九日に完成した第一号の人口丘を見学するためである。頂上から眺めると、コンクリートの防潮堤（国交省管轄）の彼方に海が見える。その手前には、防災林復旧工事（林野庁管轄）の木の柵が広がる。第一号の丘は高さ九メートル、直系約七十メートル。約六〇〇〇万円の寄付金を元に、震災廃棄物や津波堆積土を埋め立てて造成した。丘の頂上への階段は被災した家屋の梁などを再利用し、遺構の一つとしての意味がある。

丘の完成を祝う当日には、三万本の苗木を植える植樹祭「メモリアル樹望（希望）式」が現地で行われ、地元住民をはじめ、東北、首都圏、中部地方などのボランティア約四〇〇人が参加。丘につながる約四〇〇メートルの堤防に宮脇昭氏の指導でタブノキなど十七種類の苗木を植えた。その苗木は半年経って高さ五十〜七十センチまで成長し、冬の寒風にも負けず緑の葉を繁らせていた。「命を守る杜になってね」「早く成木に！」という言葉が添えられた苗木もあった。子どもたちや参加者の復興への思いが感じられた。

岩沼市では東日本大震災によって、沿岸部が壊滅的な被害を受けた。その大半は津波による被害で、市内の四八％が津波に浸水された。死者一八一人（直接死）、住宅被害は全壊七三六戸、大規模半壊五〇九戸、半壊一〇九七戸、一部損壊三〇八六戸。がれきなどの量は約五十万トン。こうした状況から、市では大津波は物理的に防御できない。大自然の災害と共存し災害時の被害をいかに最小限に食い止めるかという「減災」の考え方を基本に津波対策を検討した。

その根幹は多重防御が基本。そのⅠは「千年希望の丘」（市の事業）。減災や避難地などの機能を有する防災公園として、十五基の丘と園路を計画。丘の高さは八～十メートル、園路の延長は約十キロ。Ⅱはかさ上げ道路（市の事業）。津波災害への新たな対策として、平成二十七年度までに復旧を行う。かさ上げの高さは四～五メートル、延長は約七・三キロ。Ⅲは河川堤防（県の事業）。被災した南貞山《ていざん》運河と五間堀川《ごけんぼり》は、平成二十七年度までに復旧を行う。Ⅳは防潮堤（国の事業）。被災した防潮堤は国の直轄事業で平成二十七年度までに復旧を行う。防潮堤の高さは七・二メートル、延長は九・九キロメートル。

そのうち、今回は市の事業である「千年希望の丘」について取材した。大津波が沿岸を襲ったとき、岩沼海浜緑地内にあった高さ十メートルの丘に三人が避難して助かった。津波の高さは約八メートルに達したが、公園内にあった丘の頂部は津波の浸水をまぬがれ、まさに「いのちを守る丘」となった。井口経明《つねあき》市長の「千年希望の丘」の発想はここから生まれた。

岩沼市の計画では、玉浦西地区への集団移転跡地の沿岸部約十キロで高さ約十メートル、直系七十～百メートルの人工丘を十五基程度並べる。このうちの二基は既設の丘を活用。丘のあいだは高さ三メートルの堤防でつなぎ、さまざまな木を植える。仮に今回の震災と同じ規模の津波が襲ってきても、丘が勢いを減衰し、避難時間を確保する役割を果たす。市復興整備課では「逃げ遅れた方々の避難場所になる」と説明する。

岩沼市の千年希望の丘プロジェクト現地

震災廃棄物の処理を同時に進める意図から、丘の造成には廃棄物や津波堆積土を利用する。平時は震災の記憶を伝えるメモリアル公園となり、防災教育にも生かす。総事業費は約四十五億円。国からは六基分の復興交付金約二十六億円が認められた。既設の二基を含め、二〇一五年度末までに計九基ができる見通しがついた。ただし、残り六基については財源のめどが立っていない。そのため「千年希望の丘」整備の復興寄付を呼びかけている。

十二月十七日付の「河北新報」の報道によれば、東日本大震災を踏まえた海岸管理の在り方を検討してきた国土交通省の有識者委員会は十六日、想定の高さを超える津波に襲われても、決壊しにくい構造の堤防整備を提言した。具体策として、陸側に防災林を配備した「緑の防潮林」を提案した。国交省は今後の取り組みに反映させる方向で検討を進めるという。

提言では、大震災を教訓に、想定を超える津波が発生しても被害の最小化を図る「減災」の視点を強調する。財政が厳しいなかで、自治体の避難・土地利用計画などと組み合わせた対策の重要性を指摘した。海岸防潮林は津波のエネルギーを抑え、到達時間を遅らせるのに効果がある。このため、堤防の陸地側に土を盛り、植樹すれば有効だとした。留意点として、樹木が堤防本体の強度に悪影響を与えない構造にするように求めた。

コンクリートの防潮堤に変わるものではないが、「緑の防潮林」整備の提言は評価できる。宮脇氏が推進してきた「森の防潮堤」造成事業と共通するもので、広葉樹林帯による津波の防災に効力を発揮すると思う。今後の海岸防災の在り方として、地域住民がコンクリート防潮堤より「森の防潮堤」の建設を望むなら、その意見を十分取り入れてほしいものだ。国や県の方針を押しつけるのではなく、柔軟性をもった政策の実施が望まれる。

＊宮脇昭著『「森の長城」が日本を救う』（二〇一二年、河出書房新社）と「河北新報」の記事を参考にした。

民衆詩派の詩人白鳥省吾《しろとりせいご》の末裔

本誌（「未来」）十二月号で「消えていく震災遺稿」の問題を取り上げたが、それに関連した気仙沼の詩人の作品が第十五回白鳥省吾賞の優秀賞に選ばれたので紹介したいと思う。この賞は宮城県が生んだ郷土の詩人白鳥省吾の功績を顕彰するため、郷里の築館町《つきだて》（現栗原市）が制定。二〇〇五年四月、築館町は合併して栗原市が誕生。現在は栗原市、栗原市教育委員会、白鳥省吾記念館が主催している。口語自由詩で「自然」「人間愛」をテーマに毎年作品を募集し、優れた作品に賞を贈ってきた。作品の応募は四〇〇字詰原稿用紙二枚以内、作品数は一人二点以内。海外を含む全国から募集し、一般（高校生以上）と小中学生の部がある。東日本大震災以後の二〇一一年から、私は審査員を委嘱され、一般の部の審査を担当している。

今回は一般の部の応募が八七二篇。昨秋、栗原市栗駒在住の詩人佐々木洋一氏と二人で予備審査を行い、四十九篇を本審査に推薦した。本審査は一月十一日、栗原市立図書館二階視聴覚室で、一般の部は中村不二夫審査員長（東京）、佐々木氏と三人が選考に当たり、最優秀賞には草野理恵子さん（神奈川）の作品「澄んだ瞳」を選んだ。新任の教師として接した筋ジストロフィーの三人の高校生との心の交流を表現した作品で、「いいんだ…　と言っていた／明日死ぬとしても／僕はこの宿題をしてから死ぬ　と…（中略）／彼らの瞳は澄みきっていた」と心で受けとめる。その後、三人は全員亡くなった。「価値なんて　人間が人間に／下せるものではないよ　先生…」。人間の生と死、人間の価値について考えさせられる作品だった。

優秀賞は千田基嗣《ちだもとつぐ》さん（宮城）の「船」、中村花木《かぼく》さん（群馬）の「春太郎」、審査員奨励賞は高校生の隴哉《おかや》君（大阪）の「キャンプの夜」を選んだが、私は千田さんの作品に注目した。東日本大震災で気仙沼市の海岸から六〇〇メートル流され、陸地に打ち上げられた大型漁船「第十八共徳丸」（全長六十メートル、総重量三三〇トン）を題材にしたことを思い出す。撤去してほしい」という遺族の意見が強く、アンケート調査の結果、二〇一三年十月末で解体された。千田さんの応募原稿は七月二十六日の消印で事務局に届いたので、船が解体される前の作品である。

船

千田基嗣

鉄の塊
くすみきった赤と青の漆黒の
不安定な形態で
H型綱の支柱でようやく支えられ

いつまで
いつまで
そこに居座っているのか
抗うように
ざらざらと無数の刺のように

軽々と海に浮かんだ三年前の記憶
求めるべくもない失われた至福のとき
巨大な群れをなす生命を追い求め
透明な水を切り裂き鮮やかに光る刀の塊りを
一網打尽にすくいとって

幾多の生命を奪い取ってきた
幾多の生命を供給した
人間の生命をつなぐために
そしてこのまちを養った

自然の
魚類の生命によって
人類の生命をつなぐ生業で成立したまちが
自然の
海の鳴動によって
たくさんの生命を失ってまちも死に瀕し
そこから立ち上がるときに

そこに異物がある
そこに異物がある
異物になり果てた禍禍しい異物がある
風景に溶け込むことのない異物がある
かつてはこのまちを養った鉄の塊が居座る

祈れ言祝げ鎮魂せよ
現存する形のある記憶として
手をあわせよ

（「船」全篇）

第一連では、陸地に取り残されて腐食が進む巨大漁船の姿が描かれている。私も震災から半年後に鹿折《ししおり》地区を訪れ、この船と対面した。そのときの圧倒的な存在感が忘れられない。この巨体が津波に流されて、陸地の建造物や逃げ惑う人々をなぎ倒したのも事実だ。第二連では、巨大な魚の群れを追い、大漁を欲しいままにした過去の栄光を浮かび上がらせる。気仙沼の漁場は「さんま」の漁獲高日本一を誇り、シーズンになると全国から漁船が集結して大漁景気を謳歌した。

第三連と第四連の前半は、豊かな海の幸で港を潤した漁船の活躍と魚の生命を奪い人間の生命を養う事実を表現している。しかし、第四連の後半と第五連は、津波で多くの生命が失われ街が立ち上がろうとするときに、被災地に居座る荒廃した巨大漁船に異物感、違和感を覚える被災地の人々の思いがこめられている。地元民の複雑な心境が伺える。最終連は震災から残った船に鎮魂の祈りを捧げようと結んでいる。「言祝《ことほ》げ」の言祝ぐとは、お祝いをのべる、喜びの言葉を言うという意味だが、ここでは「現存する形のある記憶として」、後世に震災の凄まじさと教訓を伝える遺構の価値があると告げたかったのだろう。しかし、その船も解体され消えてしまった……。

一読して強烈な印象を受けた。地元の人間でなければ書けない素材だと感じた。詩の表現から言えば無骨で言葉が固く必ずしも修辞的に優れた作品とは言えないが、破船に真っ向から対峙し全身全霊で書いている点を評価した。津波の破壊力や被災者の苛酷な現実には触れず「船」だけに焦点を当てた作品の切り口も光った。作者は一九五六（昭和三十一）年、気仙沼市生まれ。本吉《もとよし》図書館長を勤める地方公務員。気仙沼市立図書館再建の担当者として重責を担っている。詩誌『霧笛・第二期』を主宰。宮城県詩人会会員、宮城県芸術協会会員。私家版の詩集『寓話集』など三冊を出している。宮城県芸術協会の『二〇一二宮城県文芸年鑑』に発表した震災詩「半分はもとのまま」で宮城県文芸賞（県知事賞）を受賞した。さらに飛躍を期待する。

ところで、大正・昭和の日本詩壇を代表する詩人として活躍した白鳥省吾をご存じだろうか。彼は一八九〇（明治二十三）年、宮城県栗原郡築館村（現栗原市築館）に生まれた。築館中学校（現築館高等学校）卒業後、上京して三木露風を知り、象徴派風の詩を書き始めたが、早稲田大学英文学科在学中にアメリカの詩人ホイットマンに傾倒し、民主主義的、人道主義的な思想を深め、望郷的な田園詩を書く一方、生涯にわたってホイットマンの研究論文や訳詩を発表した。また、富田砕花《さいか》、福田正夫を知り、社会主義的な思想に目覚めて反戦詩、農民詩に移行。民衆詩派の中心的な存在として活躍した。

一九一九（大正八）年、『民衆』第十一号の白鳥省吾特集号に発表した反戦詩「殺戮の殿堂」は、日露戦争による殺戮行為を生々しく表現し、その強烈な批判精神が注目された。評論家の松永伍一は「反戦詩の遺産の例証として今日考えるのに充分な力量感にみちている」「白鳥はこの詩に〈皮肉〉をこめるよりむしろ激烈な怒りをこめているようであるが、その怒りがかれの持ち味であり、また民衆詩派に共通する社会への眼を裏書するものであった」（『日本農民詩史』上巻・第四編・民衆詩派の功罪・第四章「白鳥省吾の位置」、一九六七年、法政大学出版局）と評価している。一九二一（大正十）年、詩集『楽園の途上』に収録した詩「耕地を失ふ日」は、日露戦争後の重税にあえぐ農民の現実を見据え、凶作に苦しむ民衆の視点から政治を批判した。松永伍一は「若き働き手の農夫の出征、戦死から、わずかの土地が地主のために奪いとられたことを怒りをこめてうたいあげたものであった」（同）と解説している。

一九二二（大正十一）年、白鳥省吾の詩「森林帯」に対し、北原白秋が「これでも詩か」とその作品の散文性を批判した。白鳥省吾も反論し詩の内容に重点を置く民衆詩派の立場を強調した。一九二六（大正十五）年、「大地舎」を創設。詩誌『地上楽園』と詩書の出版を始め、昭

宮城県栗原市の白鳥省吾記念館展示室

和十年代まで民衆詩派として活動。戦後は詩活動のほかに民謡や童謡、校歌を数多く制作し、郷土の人々から敬愛される存在だった。日本農民文学会会長、日本詩人連盟会長などを歴任。一九七三（昭和四十八）年、八十三歳で死去するまで民衆詩人としての生涯を貫いた。

だが、白秋との文学論争を契機に民衆詩派の作品に対する批判が次第に強まり、日本の詩史から不当に無視されているのが現状である。詩論家の伊藤信吉はこの文学論争について「白秋が民衆派の作品を非詩であるといったのは、その自然主義的リアリズムが卑俗な現実を対象とし、詩の形をまったく平板な散文にまで崩したことに対する反感に発している」と白秋の立ち位置を指摘した。だが、「社会的側面や生活現実のうえに、詩の可能性をはじめて全面的に示したのは民衆派である。白秋はそのような生活性や社会性を理解することのない詩人であった」（『日本現代詩体系』第六巻近代詩〔三〕月報第九号「民衆派の十年」、一九五一年、河出書房）と白鳥省吾らの活動を評価した。

松永伍一は「私が民衆詩派に一つの時代的意味を見出し、詩史的な評価を加えたいとおもうのは、その時点におけるかれらの時代的認識が作品構造をどのように変え得たかの見事な成果（つまり失敗）を、今日大きな自戒の材料として肝に銘ずるに値するものとして受けとるからにほかならない」（前掲書第二章「文学論争と批判」）と、日本の詩を変革するような傑出した作品を残せなかった民衆詩派を批判しながら、社会的な主題を詩の世界に持ち込んだ功績を認めている。

詩人・批評家の羽生康二《はぶこうじ》によれば、民衆詩派は白鳥省吾が主張した〈わかりやすい口語自由詩、思想的社会的内容のある詩〉という発想の段階で止まってしまったことが決定的な弱さだったと批判する。一方で「民衆派の詩人たちは、表面的には近代詩のふたつの目標は達成したけれど、すぐれた芸術作品としての詩を生みだすことができなかったため、真の意味ではその目標を達成できなかった。しかしそれにもかかわらず、現在民衆詩派を日本の詩の歴史の中で見直してみることは充分意味がある」「〈平明なことばで書かれた社会的要素のある詩〉という民衆詩派の目標そのものがまちがっていたわけではない。それは現在でも生きている」（『口語自由詩の形成』、一九八九年、雄山閣出版）と論評し、民衆詩派の再評価を促している。

再度、白鳥省吾賞に戻ると、小・中学生の部は応募総数八九四篇。仙台市在住の推理作家三浦明博氏と佐々木洋一氏が審査し、最優秀賞は栗原市立津久毛小学校六年の菅原蓮君の作品「父の図書カード」が受賞した。子どもの目がとらえたポエジーが光っている。一般の部で第十三回優秀賞受賞の根本昌幸さんは詩集『荒野《あらの》に立ちて――わが浪江町』（二〇一四年、コールサック社）、第十四回優秀賞受賞の花潜《はなむぐり》幸さんは『雛の帝国』（二〇一三年、土曜美術社出版販売）をそれぞれ刊行した。白鳥省吾の末裔たちは、社会性や人間性の主題と向き合いながら着実に力をつけている。

《追記》一般の部で第十五回白鳥省吾最優秀賞を受賞した草野理恵子さんは二〇一四年九月、

詩集『パリンプセスト』（土曜美術社出版販売）を出版した。

未来への言伝《ことづて》をもって生きていく

震災後、丸三年が経過した。仙台で被災し二週間後に本籍地の石巻の海辺でこの世の地獄に遭遇した。私は言葉を失って黙礼するしかなかった。それから東北各地の被災地を訪ね、津波の恐ろしさと悲惨さを実感した。私は言葉でしか伝えることができない文学者の性《さが》を自覚し、震災の詩やエッセイを書いているわけだ。私の関心は傷ついた人間の心と、失われた暮らしや自然の生態系をどのように回復するかに向いている。

このことに関連して、ことしの二月二日、仙台市青葉区のエル・パーク仙台五階で開かれたシンポジウム『震災を踏まえ、自然とのかかわり方を多様な視点で考える』（共催、せんだい生態系再生コンソーシアム・ＮＰＯ法人田んぼ）に出席した。せんだい生態系再生コンソーシアムは平成二十四（二〇一二）年十一月三十日、仙台市と地域のＮＰＯ法人が発起人となり設立した団体だ。コンソーシアムとは協会の意味がある。セミナー開催の趣旨は文学、くらし、防災のそれぞれの視点から人と自然とのかかわり方について考える。文学の視点では賢治の自然観から、くらしの視点ではワイズユース（賢明な利用）の現場から、防災の視点では生態系を防災の基盤ととらえることから、人と自然とのかかわり方を考える、という内容だった。

プロローグとして、宮城大学事業構想学部副学部長の風見正三教授が当日のテーマと出演者を紹介した。風見氏は地域プランナー、コミュニティデザイナーとして活躍。震災後、東松島市の被災した小学校を「森の学校」として再建するプロジェクトを作家のC・W・ニコル氏と進めるほか、田園都市の思想とコミュニティビジネスの統合による東北再生を目指す。当日はシンポジウムのコーディネーターを務めた。

〈文学の視点から〉は、言の葉アーティスト、渡辺祥子《しょうこ》さんの朗読で宮沢賢治の童話『虔十《けんじゅう》公園林』を鑑賞した。渡辺さんは宮城県出身。フリーのアナウンサーとして活動。講演や朗読、エッセイの執筆などで被災地の人々に生きる勇気と励ましを伝えている。朗読の表現力の高さは定評がある。『虔十公園林』の朗読はすべてを暗記していて、物語のドラマ性を浮き彫りにするほか、方言なども巧みに取り入れて臨場感を出し、聴衆に感動を与えた。自然のままに生きる虔十を大人も子どもたちもばかにして笑うが、虔十は杉の苗を見事に育てる。虔十の死後、その林は「虔十公園林」と名づけられ、立派な碑が建てられる。虔十の人物像は宮沢賢治の詩「雨ニモマケズ」に出てくる「でくのぼう」に通じる。自分を犠牲にして無私の行為を生きた虔十は、賢治の人間像にもつながっている。

日本文理大学教授、杉浦嘉雄氏は講演「こころの自然再生〜賢治の内なるバードウォッチング〜」で、作品のなかに出てくる鳥の詩句を紹介しながら、賢治がいかに自然をよく観察していたか、フィールドノートのような正確さで鳥を見つめていたかの具体例を示した。童話〈よだかの星〉では、この世は殺し合いの世界、修羅の世界。羽虫や甲虫はよだかに殺される。よだかも鷹に命を奪われようとしている。生を奪い合う世界に苦しんで、よだかは羽虫や甲虫を食べることを自らに禁じ天上の星となる。この仏教的な世界で、鳥は賢治の心象風景を象徴する。

賢治は一九二二（大正十一）年に妹トシを失う。その半年後に『春と修羅』の詩〈白い鳥〉のなかで「二疋の大きな白い鳥が／鋭くかなしく啼きかはしながら／しめつた朝の日光を飛んでゐる／それはわたくしのいもうとだ／死んだわたくしのいもうとだ／兄が来たのであんなにかなしく啼いてゐる」と妹の死を悲しむ。ハクチョウやヘラサギなどの鳥を媒介に、亡くなった最愛の妹トシとの魂の交感を表現する。『銀河鉄道の夜』では、銀河系を自らのなかに意識して、亡くなった人のことを思う深い精神世界を創造した。ただ単に個人的な次元にとどまらず、「世界ぜんたい幸福にならないうちは個人の幸福はあり得ない」（「農民芸術概論綱要・序論」）と実践への意欲も示した。

〈くらしの視点から〉日本雁を保護する会、NPO法人蕪栗《かぶくり》ぬまっこくらぶ、呉地正行氏の講演「里地の人と自然のかかわり」(ビデオ出演)があった。宮城県大崎市田尻地区の蕪栗沼周辺の水田二七三ヘクタールには多くの鳥、魚、貝、植物が生息する。蕪栗沼一五九ヘクタールは雁類の国内最大級の湿地。この沼の自然を残すために、呉地氏らは地元の自治体や農業関係者と会議を重ねた。二〇〇八年に十三万羽の雁が生息する「蕪栗沼及び周辺水田」がラムサール条約登録湿地となった。自然再生だけでなく、震災後の農地をいかに復興するかが課題だった。

仙台市荒浜小学校１階の教室で止まった時計。午後3時57分20秒、津波が押し寄せた時間だろう。

人工物を撤去抑塩し、生態系の回復力を生かして、たんぼの再生を図った。現在では「ふゆみずたんぼ米(ラムサール・ブランド米)」を生産販売している。

当日、来場できなかった呉地氏に代わり、蕪栗沼で呉地氏と活動してきた蕪栗グリーンファームの齋藤肇氏が出演した。齋藤氏は宮城県生まれ。代々蕪栗沼周辺の水田を耕作してきた農家。二〇〇四年に「ふゆみずたんぼ生産者組合」が立ち上がり、呉地氏とはガン類の調査を通じて、田んぼの未来を語り合う仲間。齋藤氏は呉地氏との出会いと「ふゆみずたんぼ米」を生産している農家の実態を紹介した。

最後に〈防災・減災の視点から〉国際自然保護連合

（ＩＵＣＮ）の自然を活用した災害リスク管理プログラムコーディネーター、ラディカ・ムルティさんの講演「生態系を基盤とした防災・減災」。通訳は同連合の日本プロジェクトオフィスシニア・プロジェクト・オフィサー、古田尚也氏が担当した。ムルティさんによれば、ＩＵＣＮは、自然がもつ本来の姿とその多様性を探求しつつ、自然資源の公平かつ持続可能な利用を進めるために活動している。自然と災害について、ムルティさんは「災害は自然の一部」だという。母なる自然の力であるとともに、災害は自然の怒りだと指摘する。度重なる地球の気候変動に対し、市民が中心となって活動を続ける。

たとえば、インド洋の大津波やタイの大洪水、メキシコのサイクロン、米国のハリケーン（カトリーナ）、フィリピンの台風などの被害を分析し、自然を基盤とした解決策を実行している。リゾート開発で自然を改変した地域は大きな被害が出ている一方、自然保護地域では大きな被害が出なかった事例がある。そこで斜面や森、湿地、マングローブなどの再生を図り、自然を助けることによって自然に助けられる仕組みが大切だと語る。一方で災害における自然の役割について、われわれの知識と意識を高めることが課題であると指摘した。

続いてパネルディスカッション「多様な視点で自然とのかかわり方について考える」が行われた。コーディネーターの風見さんは、渡辺さんが朗読した「虔十公園林」の虔十は宮沢賢治そのものであり、人間の賢さとは何だろう、幸福とは何かを賢治から学ぶことができると語る。杉浦さんの話でヨタカやアホウドリなど生き物に対する思い、鳥に対する賢治の愛情の深さを知った。呉地さんと齋藤さんの話から、自然に対してわれわれはどうすべきか、自然と共生するプロジェクトを世界に発信したい。ムルティさんの話から、自然に対して一体感と畏敬の念をもち、自然と共生しながら震災復興に対して何をどうすべきか。そして自然を思うのは心の問題でもあるので、各パネリストに「自然とのかかわりで何が大切だろうか」と質問した。

渡辺さんは宮城県北の登米市出身。北上川沿いの町に生まれた。「私はここで生まれてよかった。川、山、田んぼが自分を形作ってくれた。ここで言葉を覚え、母音の基本を身につけた」と自然に恵まれた土地で育ったことを誇りにする。杉浦さんは賢治について自然の声を聞き、物語的なメッセージを感じることができたと語る。自然のなかで生命の輝きを探し、妹を亡くして、向こうの世界（死者の世界）、目に見えない世界とのつながりを感じた。それが物語として生きていると指摘した。

農家の齋藤さんは雁との距離感について、「鳥を特別視しないで生きようと思う。生活文化の一部としてとらえている」と鳥との共生を自然に受け入れている。ムルティさんは、自然を隔絶した別のものとして見るのではなく、自分のものとして周りの川や森を見るのが重要で、自然は国立公園など離れた場所にあるのではなく、身近なところにあるのだと訴える。

コーディネーターの風見さんは、風景が物語を作ってきた。農業など生活に根づいてこそ生活文化になる。西洋は自然と対立することで神が生まれた。しかし、日本は自然対人間ではなく、自然と一体になった自分、すべての生き物のなかの人間として考えるのが日本の自然信仰なのだと説く。そのうえで再度パネリストに「震災を踏まえ、自然と対峙してどういう未来を作っていったらいいか」という第二の質問を発した。

渡辺さんは震災に遭って言葉を失ったが、やはり言葉を大切にすることに気づき、言の葉アーティストとして活動を始めた。フランスの作家アルフォンス・ドーデの言葉を紹介し「たとえばある民族が奴隷になっても、自分の言葉をもっていれば鍵を持っているようなものである」と言葉の重要性を説いた。また、坂村真民《しんみん》の詩〈あとからくる者のために〉から「あとからくる者のために／山を川を海をきれいにしておくのだ／あああとからくる者のために／みなそれぞれの力を傾けるのだ／あの可愛い者たちのために／未来を受け継ぐ者たちのために／みな夫々《それぞれ》自分で出来る何かをしてゆくのだ」（詩集『二度とない人生だから』サンマーク出版）を引用し、未来への思いを込めた。そして「私たちは過去からの言伝を聞いて生きてきた。これからは未来への言伝をもって生きていきたい」と発言した。

杉浦さんも「未来の世代が大事」だという。宮沢賢治も「若い世代に伝えようと考えた」。ネイティヴアメリカンは「私たちはこの自然を七世代後の子孫から借り受けている」と語り、自然のくらしを大切にした。賢治も岩手の地を「イーハトーブ」と名づけて、ふるさとへの思いを深めた。未来に大自然をつなげていきたい、それが防災にもつながると説いた。

農業の立場から、齋藤さんは「エコノミー追求の農業をいかに見直すか」が課題だという。原発による風評被害の影響で八割の顧客を失った。「放射能物資を送ってくるな」と言われたこともある。そこで齋藤さんは公の利益よりも健康や環境を大事にした米づくりを進めている。以前の顧客は二割に減ったが、そこをベースに再生を図る考えだ。ムルティさんは「人間は未来を見てしまうが、過去を振り返ることも重要だと思う。大震災でも道路などの工学的なものが機能したのかどうか、検討すべきだ。歴史や自然に目を向けるべきで、自然のことをもっと勉強していくことも必要だ」と話した。

最後にコーディネーターの風見さんが発言。「鳥の目、虫の目が大事。彼らの声を聞くことから始めよう。賢治は東北の自然の豊かさを示してくれた。皆さんも身近な自然に親しみ、これからの東北のあり方を考え、それぞれ実行してもらいたい」と語り、シンポジウムを終了した。震災以後、さまざまな催しに出たが、今回は賢治など文学的な観点をはじめ、自然や農地の実践的な生態系の回復、自然と防災意識の啓蒙など、身近なテーマを真摯に語り合ったのが良かったと思う。

賢治を朗読した渡辺祥子さんには二〇一一年九月四日、「語りと歌でつづる中本誠司の心──いのちの意味」（仙台市・中本誠司現代美術館）で、私の第一詩集『北の旅』から冒頭の詩「閉ざされた海の唄」を朗読していただいた縁があり、ごあいさつした。全体を統括した風見正三さんには「森の学校」再建のプロジェクトに興味があるとお伝えし、「詩の朗読や講演を通して一緒に活動しませんか」と気さくに声をかけられた。

それから数日後、ロシアの作家・詩人でエコロジストのミハイル・プリーシヴィンの散文詩

『森のしずく』を読んだ。モスクワの近くを流れる水量豊かなクーブリャ川のほとりで、彼はスイレンの花を見つけた。「私の胸ははちきれそうだ。みんな目を覚ませ、いいかね、人間はすばらしい人生を生きることができるのだよ。（中略）あれらのスイレンは、今や私にこう語りかけているのである――創造とは〈今〉を〈未来〉にまで広げることだ。今がどんどん広がって、未来をすべておのれのうちに取り込んでしまうから。」（太田正一訳、一九九三年、パピルス）。いまの生き方が一〇〇〇年後の未来につながるように、私たちはそれぞれの分野で震災からの再生に取り組むべきだろう。

子どもの視点から震災を考える

特別名勝松島の東側で石巻市に隣接する東松島市は、東日本大震災で市街地、住宅地の六〇%が浸水した。死者は一〇〇〇人を超え、一〇〇人以上が行方不明になった。死者は市町村単位で石巻市、陸前高田市に次いで三番目に多い。震災の夏に松島海岸駅まで行き、代行バスに乗って野蒜《のびる》駅で降りた。駅は二階のフロアが陥落し、改札口をふさいでいた。その昔、民宿に泊まった海水浴場の野蒜海岸や鳴瀬川と吉田川河口に位置する野蒜新浜地区、石巻寄りの大曲浜は十メートル以上の津波に襲われ、壊滅的な被害を受けていた。住宅は土台しか残っていなかった。

それから一年後の九月、宮城県高等学校文芸作品コンクール詩部門の審査員長をしている私は、石巻西高校三年生片平侑佳さんの詩「潮の匂いは。」を読んで心を打たれた。審査員の高校の先生方と協議した結果、全員一致で最優秀賞に決定した。この詩篇は全国コンクールでも入選を果たした。被災地の女子高生が書いた作品を読んでみよう。

潮の匂いは。

片平侑佳

潮の匂いは世界の終わりを連れてきた。僕の故郷はあの日波にさらわれて、今はもうかつての面影をなくしてしまった。引き波とともに僕の中の思い出も、沖のはるか彼方まで持っていかれてしまったようで、もう朧気にすら故郷の様相を思い出すことはできない。

潮の匂いは友の死を連れてきた。冬の海に身を削がれながら、君は最後に何を思ったのだろう。笑顔の遺影の口元からのぞく八重歯に、夏の日の青い空の下でくだらない話をして笑いあったことを思い出して、どうしようもなく泣きたくなる。もう一度だけ、君に会いたい。くだらない話をして、もう一度だけ笑いあって、サヨナラを、言いたい。

潮の匂いは少し大人の僕を連れてきた。諦めること、我慢すること、全部まとめて飲み込んで、笑う。ひきつった笑顔と、疲れて丸まった背中。諦めた。我慢した。〝頑張れ〟に応えようとして、丸まった背中にそんな気力がないことに気付く。どうしたらいいのかが、わからなかった。

潮の匂いは一人の世界を連れてきた。無責任な言葉、見えない恐怖。否定される僕たちの世界、生きることを否定されているのと、同じかも知れない。誰も助けてはくれないんだと思った。自分のことしかみえない誰かは響きだけあたたかい言葉で僕たちの心を深く抉る。〝絆〟と言いながら、見えない恐怖を僕たちだけで処理するように、遠まわしに言う。〝未来〟は僕たちには程遠く、〝頑張れ〟は何よりも重い。お前は誰とも繋がってなどいない、一人で勝手に生きろと、何処かの誰かが遠まわしに言っている。一人で生きる世界は、あの日の海よりきっと、ずっと冷たい。

潮の匂いは始まりだった。
潮の匂いは終わりになった。

潮の匂いは生だった。
潮の匂いは死になった。

潮の匂いは幼いあの日だった。
潮の匂いは少し大人の今になった。

潮の匂いは優しい世界だった。
潮の匂いは孤独な世界になった。

潮の匂いは――。

ここには震災時のステレオタイプな描写や表面的なヒューマニズムの押しつけがない。震災から受けたさまざまな思いを自分の言葉で書いている。「潮の匂い」という感覚的な現象から、故郷の変貌、友の死、被災者の複雑な心の内側を散文詩のスタイルで表現している。「絆」や「頑張れ」という言葉を素直に受け入れられない被災者の心情が伝わってくる。震災後に感じた孤独と不安が濃密に立ち込めているが、そのまなざしは冷静で客観的に状況を見つめている。後半の行分けの詩句も「潮の匂い」を媒介にした複眼的な考え方を示している。片平さんは高校卒業後、宮城学院女子大学に進学したという。いまの高校生たちはどんな思いで学校生活を送っているのだろうか。

二〇一四年三月十一日、私は東松島市赤井の石巻西高等学校にいた。東日本大震災から三年目、宮城県は三月十一日を「みやぎ鎮魂の日」と定め、各地でさまざまな追悼行事が行われた。東松島市では東松島市教育委員会主催、石巻西高校・東松島高校の協力でシンポジウム「被災地から未来地への提言」が開かれた。約二〇〇人の高校生、父兄、学校関係者が集まった。

震災後の石巻西高校は、約七〇〇人の遺体を収容した安置所だった。その後四十四日間にわたって、約四〇〇人が暮らす避難所になった。齋藤幸男校長はあいさつのなかで「心から笑えない日々が続いた。しかし、子どもたちは自分たちが笑わないとだめだと気づいた」と述べた。講堂の壁面には生徒たちの笑顔の写真で作られた校長先生の巨大な肖像が飾られている。

震災年の十二月になって、運動部の生徒たちが校内駅伝「ハッピータイム・ラン」を企画。各部活の代表がグラウンドを走り回った。そのときの模様を撮影したＶＴＲが上映された。生徒たちが笑顔になって走ったり、踊ったりしている。皆のおかげで笑顔を取り戻したという感謝の思いがあふれていた。

さらに生徒たちの活動は校外へ向かった。二〇一四年一月十〜十二日、東京で中学生・高校生による全国防災会議が開かれ、「絆　二〇一四〜明日への提言〜」をまとめた。

一．私たちは、自分たちの趣味や特技を復興支援や今後の防災活動に活かしていきます。

一．私たちは、普段の挨拶や行事への参加によって地域とのつながり、助け合える関係をきずいていきます。

一．私たちは、身につけた知識や経験を自分なりの表現で伝えていきます。

一．私たちは、自然の美しさや恵みについても理解と感謝をし、共存していきます。

一．私たちは、決して一人ではないことを忘れません。

「ひとつ上」の自分になって、また会いましょう！


一月二十二日には、中学生・高校生による全国防災会議生徒委員会（代表・宮城県石巻西高校、東京都立大泉桜高校、兵庫県立舞子高校、和歌山県田辺市立新庄中学校）が、文部科学省の久保公人スポーツ・青少年局長宛に、この五つの提言を提出した。以上の内容を齋藤石巻西高校校長が紹介し、「子どもたちは力をもっています。被災地から被災地へ笑顔で恩返しをしようとしています」と語った。

続いて、兵庫県立舞子高校環境防災科主任、諏訪清二氏が「高校生、災害と向き合う」と題して基調講演を行った。諏訪氏は一九六〇年生まれ。阪神・淡路大震災後にできた環境防災科開設当時から科長を務める。四川大地震後や東日本大震災後に生徒を連れて被災地を訪ね、ボランティア活動をした生々しい体験を語った。生徒たちが被災者と向き合って成長した話は胸を打った。震災から三年経ち、風化していると言われるが、諏訪氏は「風化していない。被災した人は語り続けて忘れることがない」と言う。高校生は何ができるだろうか。

「語り継ぐ」という言葉は二つの動詞からできている。体験した者が語る、それを継ぐのは子どもたちだ。体験者は無理をしないで語りたいときに語ればいい。私たちはそれを聞いて語り継げばいい。生徒たちも人から聞いた話を残してほしい。そして教師の役割は繋ぐための出会う場を作ることだ、と諏訪氏は語り継ぐ大切さを話した。

シンポジウムでは、諏訪氏をはじめ、東松島市教育委員会教育次長の小山直善氏、大曲地区仮設住宅自治会長の小野竹一氏、石巻日赤看護学校の安倍藤子氏、株式会社ヒノケン社長の日野節夫氏、耕人塾塾長の木村民男氏、日本物理教育学会会員の堀込智之氏、宮城県内の高校生・中学生代表六人が参加した。

石巻西高校生徒代表の鈴木昂樹君は、震災後、中学校の避難所でボランティア活動をした。震災を体験して「人の役に立ちたいと思った。新しい自分と出会うことができた」。現在は石巻西高校の生徒会長として、県外の防災会議にも参加し、積極的に活動している。将来は「人の役に立つ仕事につきたい。公務員になって地元のために働きたい」と夢を語った。

東松島高校生徒代表の佐々木春菜さんは、一カ月半授業ができなかった。仮設校舎で授業ができたときはうれしかった。中学二年から三年になったが、勉強できる環境ではなかった。だが、ボランティアの方と会って、環境を整えていただき勉強できた。今後は生まれてくる子どもたち、大人になる子どもたち、世界中の子どもたちに体験を伝えていく場に参加できたらと思っている。将来は看護師になりたいという。

石巻西高等学校のシンポジウムで語る中高生の子どもたち

矢本第一中学校代表の茄子川佳奈さんは当時小学五年だった。校舎にいて地鳴りの音に、自分の家がまきこまれなければいいと怖かった。小学校が避難所になった。教室を訪ねたら、知らない人なのに食料を分けてくれた人がいて、地域の人とのつながりを感じた（彼女は当時を思い出して涙を流した）。将来は人を楽しませる大人になりたい。出版社に勤め、楽しい本を作っていきたいと未来の目標を語った。

矢本第二中学校生徒代表の相澤玲久君は、小学四年の授業中に被災した。避難所では他県からたくさんの支援物資を提供していただいて、うれしかった。前はご飯を食べるのも水を飲むのも遊ぶことも当たり前だと思っていた。しかし、震災前の幸せは当たり前のことではなかったことを感じた。無駄使いをしないで生きていきたい。将来はクリエイターになって、子どもたちが楽しめるゲームを作りたいという希望を抱いている。

同じく雁部那由多君は、大曲小学校の国道側に位置する図書室の窓から、車で避難していた人たちが津波に呑まれる瞬間を目撃した。街灯の柱に掴まっていた人は、がれきが突っ込んできて土砂に埋まってしまった。遺体のあるところには赤い三角形の旗が立てられた。ずっと夢に出てきて怖かった。震災の話はできなかった。学校生活のなかで感情を押しこめたまま過ごした。いまは子どもの視点で震災で感じたことを語りたいと言う。将来は教師になって学校で震災のことを伝えたいと話した。

成瀬未来中学校生徒代表の佐藤里紗さんは、海に近い自宅から祖父母、母、妹と二台の車で内陸部の野蒜小学校を目指して逃げた。だが、渋滞で車が動かなくなった。後ろの車を運転していた祖父が車から降りて「津波がくる。小学校ではだめだ。山の方へ行きなさい」と叫んだ。家族は車を降りて山を登った。しばらくして振り返ると祖父がいない。一カ月後、祖父は車の中で遺体で見つかった。「おじいさんは自分が犠牲になって家族を助けてくれた。復興のなかで経験を話すことがあれば、おじいさんのことを語り継いでいきたい」という。中学生になって生徒会に入り、防災のことを考える活動をしている。将来は獣医になり、動物と人の心のケアをしたいと望んでいる。

このシンポジウムを通じて、各パネリストや中・高生の切実な体験が防災意識を高める意義があったと思う。特に、子どもたちの率直な発言が「被災地と未来地」をつなぐ重要なメッセージになった。被災地のさまざまな「潮の匂い」から、震災の体験を未来へ語り継ぐ試みは貴重である。これを機会に、復興へ向けての地道な活動を持続したいものである。

「ことばを観る映画」で震災を記録する

東日本大震災といかに向き合い、その歴史的な現実をどのように後世へ伝えるかが課題である。マスコミの報道だけではなく、文学をはじめ表現に関わるさまざまなジャンルの人たちが震災の体験を見つめ、未来へ伝えようと努めている。ドキュメンタリー映画の分野でもそうした試みが行われているが、最近その成果を実感する作品に出会った。「宮城からの報告～こども・学校・地域～」製作委員会（阿部和夫代表）が作った二本のドキュメンタリー映画のＤＶＤを観ることができたのだ。

そのきっかけは四月十三日、仙台市若林区荒町の荒町養賢堂で開かれたドキュメンタリー映画講座「亀井文夫　全作品上映　その３」だった。当日は第一回原水爆禁止大会で被爆者救援運動の一つとして企画された『生きていてよかった』（一九五六年）、第四回原水爆禁止大会の記録『鳩ははばたく』（一九五八年）の二本が上映された。亀井は日本のドキュメンタリー映画の先駆者的な存在で、被爆者の悲しい生活実態とそのなかでも力強く生きる人々を描いた『生きていてよかった』は感動的だった。この作品はその年のブルーリボン賞を獲得した。

解説を担当していたのがドキュメンタリー映画監督の青池憲司さんだった。亀井の文明批評的な視点を評価するとともに、言葉の重要性を説いた。私は原爆で命を奪われた岩手県出身の女優園井恵子が叔母であると名乗り、原爆映画への感想を述べた。そして青池さんが石巻・門脇小学校のドキュメンタリー映画を撮ったと知って、東日本大震災の映画製作委員会事務局長の佐藤進さんにＤＶＤ購入を申し入れ送ってもらった。青池さんは阪神・淡路大震災のときにドキュメンタリー映画を製作しており、石巻での映画製作に招聘された経緯がある。

その作品は『三月一一日を生きて～石巻・門脇小・人びと・ことば～』（一時間三十七分、二〇一二年）と『津波のあとの時間割～石巻・門脇小・一年の記録～』（二時間五分、二〇一二年）である。最初の作品は震災当日の三月十一日、門脇小の子どもたちと教師、避難してきた地域住民が震災にどのように対応し、翌朝までをどう過ごしたかという一日の記録。二本目はそれから一年間の門脇小学校と地域、子どもたちの成長と大人の再生を石巻の美しい四季とともに描いた映画である。二本の作品に共通して言えることは、子どもや教師、地域住民へのインタビューでつないでいくという手法を徹底していることだ。一之瀬正史カメラマンが正面から語り手の顔を撮影。その表情や心の動きを見事にとらえている。

『三月一一日を生きて』は、門脇小学校六年・佐藤翔君の作文「あの日を忘れない」の朗読とクローズアップされた少年の顔から始まる。地震が起きたときの恐怖、避難した日和山から目撃した津波に呑み込まれる家や学校、三日後に母と再会した喜び、近所の人や友達の死、中学校への避難と学校生活、世話になった方々への感謝。そして「ぼくはあの日、あのときのことを忘れない」と結んでいる。震災を総合的にとらえている点を評価して、青池監督は映画の冒頭で使った。

続いて津波と火災で壊滅的な被害を受けた門脇小学校の惨憺たる映像が流れる。津波は一階の黒板の上部まで達し、東側の校舎は全焼した。壁側に立て掛けられた赤いランドセル、机の上のノートは震災当日の日付のまま、時間が止まったように開かれていた。真っ黒に焼けただれた廊下と教室。火災の凄まじい状況が眼前に迫ってくる。私は震災から二週間後の三月二十七日、海に面した南浜町と門脇町を取材しているが、そのときはがれきや車が積み重なった状態で、地獄の有り様だった。門脇小学校へは近づけなかった。だから映画で校舎内の惨状を目の当たりにして激しい衝撃を受けた。

この映画は子どもたち、先生、保護者や地域住民など五十人を超える人々のインタビューで構成されている。子どもたちがいかに震災と向き合い翌朝までけなげに耐えていたかがよく伝わってきた。なかには「地震がきて、揺れが強くて、笑ってしまった。面白かった」と話す小学二年(当時)の男の子もいて、子どもらしい感じ方だと思った。子どもたちを守った先生たちのインタビューにも心打たれた。二二四人の子どもを統率し、校庭への第一次避難、背後の日和山への第二次避難を無事成し遂げた鈴木洋子校長、佐藤裕一郎教頭の的確な指示と避難誘導が功を奏した。日頃の避難訓練が実った成果だ。

自分の子どもをもつ女先生たちは、家族や家のことを心配しながら、ひたむきに教え子たちを励まし続けた。ときには深夜人知れず涙をぬぐう先生もいたそうだが、朝になると教師としての使命感にめざめ仕事に集中した。門脇小学校は地域の避難所だったので、多くの住民たちが学校に集まってきた。一人で下校する子どもを見つけ、一緒に学校へ連れて避難した石川せい子さんの行為も心に残った。あのまま下校させたら津波で流されたかもしれなかったからだ。周辺が浸水した校舎から日和山へ避難するさいの病人や高齢者への思いやりは、地域の人々の温かい心のつながりが感じられた。

焼けただれた教室の机の下から思い出の本の切れ端を見つけた中学一年の斎藤貴浩君は、

「あのときは周りの人と助け合えたので、どういうときでも、いざというときには絆をもって助け合っていきたい。これからの小学校は後輩たちが作っていくので、これからの未来を作っていけるように頑張ってもらいたいと思います」と語った。小学五年の阿部夏夕《なゆ》さんは公園でバドミントンをしたときに、松ぼっくりやツクシ、タンポポ、満開の桜などの植物を見て感動した思いを作文「春の気持ち」に書いた。その朗読とインタビュー、校歌の斉唱でこの映画は終わるが、東日本大震災を体験した子どもたちや教師、地域住民の思いを未来に伝えようという意志が貫かれていて感動した。

石巻市門脇町の被災現場。門脇小学校は津波と火災で壊滅的な被害を受けた。

製作委員会代表の阿部さんは「人々のインタビューでつないでいくというこの映画の手法は、『言葉のリレー』と言えるものであり、製作委員会では〈証言集学校篇〉と略称しています。『映画』は、人物の言動、周囲の状況を示す映像を通してある意味や内容、考えなどを表現するものです。そういう意味からいうと、ことばを主体とするインタビューだけで映画を構成する手法は、一般的な映画とは異なる面を持っています。つまり、この作品は『ことばを観る映画』ということが出来ると思います」（『東日本大震災を記録するドキュメンタリー映画の製作〜復興に向けての文化活動として〜』宮城県石巻高等学校鰐陵同窓会報・第56号、二〇一三年）と書いている。至言である。

『津波のあとの時間割』は、震災後の二〇一一年六月から翌年四月までの一年間の記録である。タイトルは青池監督の発案。門脇小学校の子どもたちは、門脇中学校の教室を間借りしている。一学級が二組でも一つの教室で授業を受けている。夏休みや冬休みの期間も短くなっている。震災後はいろんな面で以前とは違った生活を過ごしている。それを監督は「津波のあとの時間割」と名づけた。映画は三年生総合の授業からスタートする。黒板にはチョークで『よみがえれ石巻　南浜町の町づくりを考えよう』と書かれている。津田美弥子先生が「石巻をどういうふうに前のように元気にしていくか、よみがえれ石巻というテーマで進めていくことにしました」と話す。子どもたちの新しい町づくりへの取り組みが、石巻の再生を象徴しているシーンだ。

学校の廊下や教室には国内や世界中の子どもたちから届けられたカラフルな絵やメッセージが展示されている。その友情にあふれた贈り物の数々をカメラは優しいまなざしで紹介する。こういうさりげない映像は、春のイチョウの幹から芽生えた若葉、夏のヒマワリと川開き祭り、プール開きと秋の運動会、冬の雪に覆われた門脇の情景などとともに、心にしみてくる。一之瀬カメラマンの優れたカメラワークが光る。

この映画のなかで印象に残ったのは、被災した大人たちの子どもに寄せる温かい言葉だった。小学四年の片倉春音《はのん》さんの母・広子さんは震災を体験した娘への思いを次のように語っている。「大きくなって、あなたが子どもを生んだら、自分の子どもに言わなければだめなんだよ。言葉で教えていかないと伝わらないかなと思いますね。映像も見るけど薄れるので、言葉でこういうときはこうするんだよと伝えられたらいいのかなと思います。年を取って春音がおばあちゃんになったとき、孫にこういうことがあったんだよと伝えてほしいですね」。

寿司職人の山下充さんは、いま必要なものは？という問いに「安らぎと安全が一番ほしい」と答えた。「子どもたちが伸び伸び育つ環境がほしい。今回生き延びた、生きられた、いのちを与えられたということで、子どもたちがどのように成長するかというのも、これからの石巻の復旧・復興にかかっていると思う」と話した。調理人の神野文寿さんは「震災で生かされたいのちを、子どもたちにも教えなければいけないのじゃないですかね。その亡くなった人たちの場所を踏みしめて生きていくことから、目をそむけてはいけないことを教えていきたい。トラウマというものがあれば、取り除いていきたい」と語った。

それにしても、子どもたちは明るく元気で想像力にあふれている。『よみがえれ石巻』の町づくりでは、五つのグループに分かれ、公園、建物一、建物二、島、堤防について、それぞれのアイディアを持ち寄り、一年間かけて完成した。特に、震災で被害が少なかった松島のように、海に人口の島を作って津波を防ぐ考えが面白かった。島には樹木を植えたり、遊園地を造ったり、小動物の観察やバードウォッチング、観光船の運行や釣り堀を設けるなど、楽しいアイディアがいっぱいだった。この映画は子ども賛歌でもあるのだ。

一方で壊滅した地域をどう再生するかが重要な課題である。行政との住民懇談会で示された復興計画案で、南浜町と門脇町の震災跡地はシンボル公園になり、住民は高台への移転を余儀なくされる。住民からは「どこへ住めるのか、具体的な居住空間をどうするか、最優先で決めてもらいたい」という意見が出された。また、海岸に七・二メートルの巨大防潮堤を建設する案について、反対の意志を表明する人もいた。「石巻は水で育った街、川や海で栄えた街だと思う。だから単に堤防を高くという施策ではなくて、堤防をできるだけ低くしてもらいたい」という発言に、住民は拍手で応えた。

映画のラストシーンは仮設・向陽団地から運行を開始したスクールバスで登校する子どもたちをとらえている。「東日本大震災後の授業が始まってから一年。子どもたち、学校、被災地の人々の再生の日々が続きます」というナレーションでこの映画は終わる。未曾有の大災害を体験したが、石巻は再生の未来に向けて少しずつ前へ進み始めている。生き生きとした子どもたちに、かけがえのない未来を託すために……。

ところで、なぜ震災のドキュメンタリー映画が作られたのか。前述した映画製作委員会の阿部代表が書いた報告は貴重な文献である。阿部さんはこの異常事態にどう対応するのか、過去をどう把握し、現在にどう生かし、未来にどう繋ぐのかということが生き残った者の責務だと考えた。津波の状況や被害そのものより、震災後に人々が何を考え、どう生きたかを描く映像を、なんらかの形で残すべきではないかと思った。

県内には同じような考えをもっている人たちがいて、すでに動き出している情報を知った。仙台の佐藤進さんが映画監督の青池さんと知り合いである縁で、プロの映画人を招聘して映画を製作する話がある、代表になってほしいと依頼された。元石巻市教育委員会教育長だった阿部さんはこのプロジェクトを実現させるために代表就任を承諾した。二本の映画は反響を呼び各地で公開されたほか、英語版も海外で上演されている。

今後の課題は手元に残されている二〇〇時間弱の撮影済みの映像をどうするか。この映像を使って、すでに完成している「証言集学校篇」に対応する「証言集地域篇」の製作に踏み切るかどうかだという。これを製作すればいちおう完結するが、諸経費、事務局の負担を考えると踏み切れないというのが現状だ。そして生き残った人間たちがいまをどう生きるか、どのようにして苦しみに立ち向かっていくかで、未来の姿が決まってくる。これらの映画がその一助になるよう今後も活動を続けていきたいと結んでいる。

福島第一原発事故で失われたもの

東京電力福島第一原発事故から三年を経過したが、収束の見通しは立っていない。大量の放射能を撒き散らし、故郷から避難を余儀なくされた約十五万人の福島県民が通常の生活を奪われているにもかかわらず、国や東電の責任の所在は不明のままだ。福島原発の廃炉へ向けての作業も、汚染水漏れをはじめ数々の不手際が露呈し、収束への歩みは依然として進捗していない。こうした状況のなかで五月十九日、福島フォーラムで原発事故を主題にしたドキュメンタリー映画『遺言　原発さえなければ』（豊田直巳・野田雅也共同監督）を観て共感した。被災地の生々しい現状を記録するとともに、被災者一人ひとりの人物像とその人生を浮き彫りにしている点が優れていると思った。

この映画は震災翌日から福島第一原発事故の取材を始め、飯舘村を中心に二〇一三年まで被災者に密着した記録。その二五〇時間の映像から三時間四十五分のドキュメントを作り上げた大作だ。

冒頭のシーンは、地域住民たちのにぎやかな懇親会風景だ。談笑する人々の笑顔が弾ける。時は二〇一三年四月、場所は福島県伊達町の仮設住宅。映像は福島県浪江町に切り替わる。なにもない海、荒涼とした山。これが被災後の故郷なのだ。

第一章「汚染」では、ガイガーカウンターの不気味な音が響く。浪江町赤宇木《あこうぎ》の関場健次・和代さん夫妻の自宅は原発から二十四キロ地点にあり屋内退避の指示が出た。ガイガーカウンターを持っていた豊田、野田両監督が庭先を計測すると、花壇で毎時一〇〇マイクロシーベルト、母屋の排水溝では毎時五〇〇マイクロシーベルトという非常に高い数値を計測した。和代さんは「見えない戦場で戦っているみたいです」と言う。高濃度の汚染を知った関場夫妻は逃げるように避難した。その後、津島・赤宇木地域は帰宅困難区域に指定された。

被災二週間後、今中哲二京都大学原子炉実験所助教が浪江町の汚染状況を調査した。チェルノブイリの事故で住民が避難させられたレベルだという。飯舘村の農家・菅野《かんの》隆幸さんはビニールハウスで農作物（小松菜）を切り落とした。四十五〜五十一マイクロシーベルトの放射能測定で出荷停止となったからだ。志賀正次《まさつぐ》さん（酪農家）が住む飯舘村蕨平は浪江町に近く、高濃度の汚染にさらされ、牛からセシウムが出て出荷が停止された。飯舘村前田行政区区長の長谷川健一さん（酪農家）は「ここは原発から二十キロ圏内ではなく、三十キロ圏内だからなんの補償もない。それはおかしい。原発事故直後に北西の風が吹いて飯舘村に雨が降った。それで被曝量が一番多かった」と主張する。

第二章「決断」は最後の乳を絞る酪農家の姿から始まる。飯舘村が計画的避難地区に指定され、村人たちの避難が決まった。連れていけない牛は処分するしかない。牛を運ぶトラックがきた。牛をトラックに押し込む悲しみ。長谷川さんは「(酪農に)何十年もかけてきたのに、この土地から出て行けと言われた。この気持ちは国会議員にはわかんねえよ」。撮影者も感情を押さえきれない。「涙を流してくれてありがとう」と長谷川さん。撮影する者とされる者の気持ちが通じ合った瞬間だった。映画館のあちこちから鼻をすする様子が伝わってきた。

さらに長谷川さんは話し続ける。「飯舘村は二カ月間放射能を浴び続けている。日本は何をやってきたんだ」。トラックに乗せられ、出ていく牛たちを写真に収める。「牛も犬も人間もすべての命は一緒。(国は)最後まで社会的な面倒をみるべきだ。日本から原発をなくすこと。真っ暗闇のなかをひたすら歩いているんだど。そのことを伝えたい」と強調した。

第三章「避難」飯舘村の避難が始まった。菅野隆幸さん(農業)の家。仏壇に手を合わせる。親子四世代が同居する大家族の専業農家。丘わさびをビニールハウスで栽培し、生産量日本一になったこともある。福島自治研修センターに避難した。高橋日出代さん(酪農家)は「ここでは酪農はできない」と、横浜市戸塚区の『小野ファーム』へ就職。「次の世代に(酪農を)継承することが必要です」。田中一正さん(酪農家)は山形県置賜郡白鷹町の酪農協会の大規模農場の立て直しを頼まれた。「ここをもう少し良くして、最後は福島へ帰りたい」と故郷での再生を心に誓った。

第四章「故郷」各地に避難した村人たちが、お盆の季節に故郷へ集まった。墓前に花を供える被災者。飯舘村前田地区の懇親会が開かれた。「私たちが守ってきた土地なのに、国のためにこんなことになった」と区長の長谷川さんは国策の原発を批判する。「昔は魚をつかみ捕り塩焼きにして食べた。集会所で盆踊りを楽しんだ」。懐かしい故郷の風景が広がる。

長谷川さんの長男・義宗さんは調理士をしていたが、父のあとを継ぐことを決意。二人で規模を拡大するため、一月に牛舎の拡張工事を終えていた。三・一一の日、義宗さんの妻が産婦人科で妊娠したことがわかり、自宅に戻った瞬間に東日本大震災が発生。停電のなかで父母と牛の世話をしてきたが、原発事故のことを聞いて、妻と娘を連れ千葉に避難。その後、幼子の被曝を恐れて山形県へ避難し県営牧場で働き始めた。義宗さんは「飯舘村に戻るのは無理だ」と言う。義宗さんの妻は、やや不安だったが無事出産を終えることができた。

第五章「遺言」では、東日本大震災の影響で自殺した三人にスポットを当て、原発事故がもたらしたむごい現実を抉り出している。原発事故から一カ月目の四月十一日、飯舘村が計画的避難区域に指定されることがテレビのニュース番組で報じられた。村一番の長生きだった飯舘村草野の大久保文雄さん（一〇二）は、義理の娘大久保美江子さんに「俺さ、どこにも行かねえ。行きたくねえな」と言った。一〇〇年余りを暮らしたこの家に住めなくなることを実感したようだった。そして、「俺、少し長生きしすぎたな」とつぶやいた。美江子さんはこの舅の言葉が忘れられないという。大久保さんは翌朝、自分の部屋で冷たくなっていた。薬を入れるレジ袋を何枚か繋ぎ、タンスの二番目の取っ手に結んで、それを自分の首に巻いたことがわかった。原発事故は長寿者の命まで奪ったのだ。

相馬市玉野地区で酪農を営んでいた菅野重清《かんのしげきよ》さん（五五）は六月十日、前年の十二月に増築したばかりの堆肥小屋で自殺した。警察の話では、家畜用干し草を丸めてラッピングしたサイレージを踏み台にして、鉄骨の梁に掛けたロープに自分の身を預けたのだろうという。原発事故によって原乳が出荷停止となり酪農は行き詰まった。新築したばかりの堆肥小屋の建築費用の支払いに苦慮。フィリピン人の妻は二人の息子を連れて緊急帰国。重清さんも職を探してフィリピンへ渡ったが、仕事は見つからなかった。放置した牛は処分されていた。重清さんは心を病んでいき、自分の命を断った。

堆肥小屋の壁にはチョークで書き残した言葉があった。「原発さえなければと思います」。「残った酪農家は原発に負けないで頑張ってください」。線で囲まれた言葉「仕事をする気力をなくしました」。姉の佐藤靖子さん（相馬市、主婦）は「仕事もできない。補償もない。鬱の状態でした。一遍に考えることがあるので頭がおかしくなると言っていました」。自殺する数日前、牛舎の業務用黒板に書かれた言葉。「馬鹿につける薬なし　原発で手足ちぎられた酪農家」「やる気力なくした」。重清さんの深い絶望感がこめられている。

遺体が発見されてから二日後、弔問に訪れた国会議員に向かって、佐藤靖子さんは強い口調で怒りをぶつけた。「誰に、何に向かって言っているかわかりますか。国、国会ですよ！　この総理がダメだ、あの総理がダメだと喧嘩している場合じゃないでしょう。もっと国民のために働かなくちゃならないのに、何しているんですか？」国会議員は無言で頭を垂れているだけだった。避難先から駆けつけた長谷川さんは「原発事故の放射能で牛がだめになった。三月末にひょっとしたら、自殺者がでなければいいと思っていた」と肩を落とした。「遺書には彼の思いが凝縮している。国、原発のせいですよ」。

川俣《かわまた》町山木屋《やまきや》の渡邊幹夫さんは妻はま子さんを亡くした。福島市のアパートに避難したが、はま子さんは孤立したアパートの生活になじめなかった。仕事も住む家も子どもたちとの暮らしもなくした喪失感、将来の見通しもない避難生活の不安に、はま子さんは精神のバランスを崩した。そんなはま子さんの様子を見て、幹夫さんは一時帰宅に連れ出した。はま子さんは喜んでいたが、「家を離れたくない。あんた一人でアパートへ帰りな」と言っていた。幹夫さんはあまり気にしなかった。「その夜寝たとき、手をにぎったままだったことを覚えています」。

翌日の早朝、幹夫さんは夏草に覆われた田畑や庭の草刈りをした。はま子さんが好きだった花のそばにきたとき、何かが燃えているのに気がついた。妻が古い布団でも燃やしているのだろう

映画『遺言　原発さえなければ』のパンフレット

と気にとめず、草刈りを続けたが、火は消える気配がない。近寄ってみると、燃えていたのははま子さん自身だった。灯油をかぶって火をつけたのだ。幹夫さんが見つけたとき、遺体は焼けこげていて、まだ腰の辺と足に火がついていたという。妻の死後、幹夫さんは「ただの自殺で済まされては、妻に報えない。明らかに原発災害による死なのです」と東電を相手取り損害賠償を求める裁判を起こした。

長谷川さんは自殺した菅野さんの葬儀で「棺をのぞいたとき、これが彼のメッセージだと思いました。彼の遺書、その思いを伝えていきたい気持ちです」。現在、全国で講演し「原発さえなければ」の遺志を伝えている。酪農家の田中一正さんは、山形県の大規模牧場で酪農の指導をしながら、福島県へ帰るタイミングを計っていた。その結果、「新しいものを造った方が安い」と判断。福島市に「復興牧場　ミクロファーム」を立ち上げ、長谷川健一さんの長男・義宗さんと再生に挑む。「仲間や福島全体の復興を考えてわくわくしている」。

牧場に牛がやってきた。牛の群れが移動する。乳しぼり、牛の鳴き声、餌を食べる牛たち。ヨハン・セバスチャン・バッハの無伴奏チェロ組曲第一番ト長調の力強い音が響く。雪に埋もれる故郷、水ぬるむ春、桜が咲く。四季の巡りは果てしない。しかし、汚染された故郷。「原発さえなければ」の文字が映像に重なって映画は終わる。

フォトジャーナリストの豊田直巳さんと野田雅也さんは、原発事故から二十五年目のチェルノブイリとその放射能汚染地帯を取材して帰国。その二週間後、福島県を中心に東日本を広範囲に放射能汚染させる福島第一原発の苛酷な事故が発生した。二人は翌日から福島の被災地に入り取材を開始し、被災者の苦悩する姿を三年にわたって撮影した。共同監督として映像と証言によるドキュメンタリー映画『遺言』を完成した。豊田さんは上映会後、「二、三十年は撮り続けなければ、この震災は収まらない」「本当のことを言おうとすれば国は隠そうとする。そのことに苦悩する皆さんと一緒に取材し、映画作りを続けています」と挨拶。原発事故の原点を記録する姿勢を示した。

この映画を通して、原発事故で失われたものが見えてくる。それは地域の人々と繋がった当たり前の暮らしなのだ。人間が生きていくうえで最も大切なことは、自らの仕事で生活を支え、かけがえのない家族の幸せを維持することである。しかし、原発事故はこの基本的人権を奪った。こうした福島の人々の受難と苦悩を無視するように、反動的な政府と名ばかりの原子力規制委員会は原発の再稼働を押し進めようとしている。

これに対して、福井地裁は五月二十一日、福島の原発事故を踏まえ、大飯原発の再稼働を認めない判決を下した。福島の事故で原発は危険性や被害の大きさが明らかだとして、人間が安全に暮らす権利が優先されるべきだと主張した。関西電力は控訴し、政府は再稼働を強行する構えだが、もう原発はいらない。私たちは福島の悲劇を教訓にすべきだ。このドキュメンタリー映画は反原発のメッセージを真摯に伝えている。

参考文献
映画『遺言　原発さえなければ』プログラム（映画「遺言」プロジェクト）。
豊田直巳「福島　原発震災のまち」『福島を生きる人びと』岩波ブックレット。

後の世に継承する東日本大震災の記録

宮城県気仙沼市へ短い旅をした。ＪＲ東北本線小牛田《こごた》駅から石巻線の前谷地《まえやち》経由で気仙沼線に入り柳津《やないず》駅で下車。気仙沼までは不通なので、柳津駅からＢＲＴ（バス高速輸送システム）を利用して気仙沼へ向かった。東浜街道を志津川湾へ進み、本吉郡南三陸町の震災遺構問題が取り沙汰される旧防災庁舎跡の横を通過する。

周辺一体はかさ上げ工事が進行中で、ブルドーザーやダンプカーが活動していた。

南三陸町は大震災で甚大な被害を受けた志津川市街地の土地利用指針となるグランドデザイ

ンを世界的な建築家の隈研吾氏に依頼。隈氏は観光的な魅力と住民の利便性が両立する回遊性と親水性に富んだ街並みづくりを提案した。しかし、その実現には課題も多い。施設整備に関しては現段階で財源の裏づけがほとんどないという。商業エリアに、商店や事業所がどれだけ張りつくかということも大きく影響する。デザインはこういう町をつくるという目標であり、実現に向けての歩みはこれから始まる。バスで霧につつまれた工事現場を通り抜けながら、南三陸町にふさわしい再生の実現を望みたいと思った。

気仙沼市内の駅前や中心部に震災の跡は見られない。駅前から運賃一〇〇円で市内を遊覧する観光バスに乗った。二〇一一年九月二十九日、詩誌に震災と言葉を題材にした小エッセイを連載中のため、津波に襲われガソリンタンクの重油が燃えて壊滅的な被害を受けた西みなと町(鹿折《ししおり》地区)を訪れた。すでに被災物は取り除かれ、荒涼とした更地に、津波で海岸から六〇〇メートルも押し流された大型漁船「第十八共徳丸」だけが居残るという異様な風景を目の当たりにした。現在、現地では高さ三・二メートルのかさ上げ工事が行われていた。至るところに重機が入り、工事中の個所が多く見られた。最寄りの大船渡線鹿折唐桑駅は不通のままだが、鹿折地区の復旧はようやく始まったようだ。

短い旅の目的は、気仙沼市赤岩牧沢のリアス・アーク美術館の常設展示『東日本大震災の記録と津波の災害史』を観るためだった。観光バスは被害の大きかった水道事業所跡や南郷の南気仙沼小学校跡地などを巡って、美術館に到着した。午後三時過ぎから同五時の閉館まで、わずか二時間弱で被災現場写真二〇三点、被災物一五五点、歴史資料等一三七点を観て回った。しかも、美術館の展示方針で、被災写真と被災物に一点ずつ文章が添えられていた。そのすべての展示を観て言葉を読み終わったとき、すでに閉館の時間が迫っていた。

現場写真は学芸員の山内宏泰氏（学芸係長）、岡野志龍氏、塚本卓氏（学芸補助員）が撮影し、山内氏と岡野氏がテキストをつけたものである。前半は「①被災現場からのレポート」としてまとめられた。展示された二枚目の写真が、眼前に迫ってきた。震災直後の火災を撮影した遠景写真である。

添付された文章によれば、「２０１１年3月11日、18時頃。リアス・アーク美術館屋上から望む気仙沼市内湾付近の状況。津波襲来直後から発生した火災は、海上に流出した1万２００0トンを超える重油等によるもの。海面を埋め尽くす被災物を芯として重油が発火し、繰り返す津波によって火災域が見る間に広がった。大蛇のようにのたうち、空は真っ黒な煙に覆われた。絶望的な光景だった。鎮火したのは12日後だった」。美術館は郊外の丘の中腹にあり、市内中心部からは離れた場所にあるが、被災当夜の内湾の悲劇が遠くからとらえられている。

また、私は大画面用に引き伸ばされた一枚の写真の前で釘付けになった。あの被災直後の鹿折地区を撮影した写真である。次のような文章がつけられていた。「２０１１年3月29日、気仙沼市西みなと町（鹿折地区）の状況。津波によって打ち寄せられた流出物が火災で燃え尽きている。海岸からの距離を考えると、この付近ではすでに津波の勢力は弱まっていたはず。原形を保ち、1階浸水程度で済んだ家屋等も少なくなかったはずだが、業火は全てを焼き尽くした。この一帯では火災で命を落とした者も少なくなかったと聞く」。業火に焼かれ、原形をとどめることのない被災物の正面奥に、あの第十八共徳丸の船体の一部が小さく写っていた。これが私の見ることのできなかった鹿折地区の生々しい被災現場なのである。

現場写真の後半は「②被災者感情として」「③失われたもの・こと」「④次への備えとして」「⑤まちの歴史と被害の因果関係」というテーマで展示されていた。②については撮影者自身も含めて被災者の個人的な感情に寄り添った写真が集められている。たとえば、くしゃくしゃに押し潰された物体が車だとわかるまでに時間がかかった。テキストでは「2011年4月25日、気仙沼市幸町の状況。平常時なら、ここまで大破した自動車を間近で目にすることはないと思う。40年生きてきたが、自分には経験がなかった。どんなものをつくる場合でも、人は完成された形、理想的に美しいフォルムを追求する。つくるとは『美しさ』を生み出すことだ。一方、破壊は美を奪い『醜さ』を生み出す。そして『醜さ』は人の精神をむしばむ」。津波の恐ろしさが喉元を突き上げてくる。

③では歴史のある古い店が失われた情景が撮影されている。テキストによると、「2011年3月16日、気仙沼市南町の状況。昭和初期の建物から、2000年以降に造られたものまで、歴史ある商店街には様々な時代が顔をのぞかせていた。子供のころから変わらぬ味を提供してくれた中華料理店、代替わりをし、店舗を新築、店名もいま風に改めたばかりの洋菓子店、路

地裏にひっそりと構えられた蔵造の居酒屋。どれも想い出深い。いろいろな人といろいろな話をした、そういう場所が消えてしまった」。なにげない町の日常がいかに大切だったかがわかる。

④は決壊した防潮堤から得る教訓のようなものがある。テキストによれば「2011年4月4日、南三陸町志津川大森町の状況。人物と比較すればわかることだが、この防潮堤は3m以上ある。しかし、それでも2m規模の津波ならば乗り越える可能性は高い。この防潮堤の耐久性では1960年のチリ地震津波と同等で耐えられるかどうかなのだろう。10mを越える津波に対し、防潮堤で対抗しようとすることの無意味さを感じずにはいられない。考え方を根本的に変えなければ無理なのだ」。私も巨大防潮堤の建設には反対の立場を取るものだが、この無残な堤防破壊はその証明となるだろう。

被災物は圧倒的な存在感で観る者の心をとらえる。学芸員が集めた被災物は、①「津波の破壊力、火災の激しさなど、物理的な破壊力等が一見してわかるもの」、②「災害によって奪われた日常を象徴する生活用品や、震災以前の日常の記憶を呼び起こすようなもの」という二種類に分類している。しかも重要なことは、被災現場で収集したありのままの状態で展示されていることで、いっさいの人工的な手が加えられていないことである。しかも一点ずつにその被災物に関わる人物がつぶやいた物語ふうの文章で、物にまつわる来歴が記されている。

たとえば、折れ曲がった鉄骨や電柱。漁船の切れ端や船外機。無残に圧縮された車、丸まったトタンの塊。焼け焦げたドラム缶や潰されたLPガスボンベ、灯油タンク、ギア軸などに震災の凄まじさが刻印されている。また、バラバラにされた木造家屋の一部、鬼瓦、郵便受け、スレート屋根瓦、床板の破片。もげたドアノブや呼鈴、歪んですすだらけの洗濯機や赤っ茶けた炊飯器、電子レンジ。青春の思い出がつまっているプリクラ帳、トランペット、テレビゲーム機、ゲームソフト。ぬいぐるみやミニカー、戦士フィギュア、ランドセル。カメラ、パソコン、携帯電話、卒業証書、三時三十三分で止まった時計などに、突然奪われた日常のくらしが影を落とす。館内には永遠に帰らない時間の痛みが濃密に漂っている。

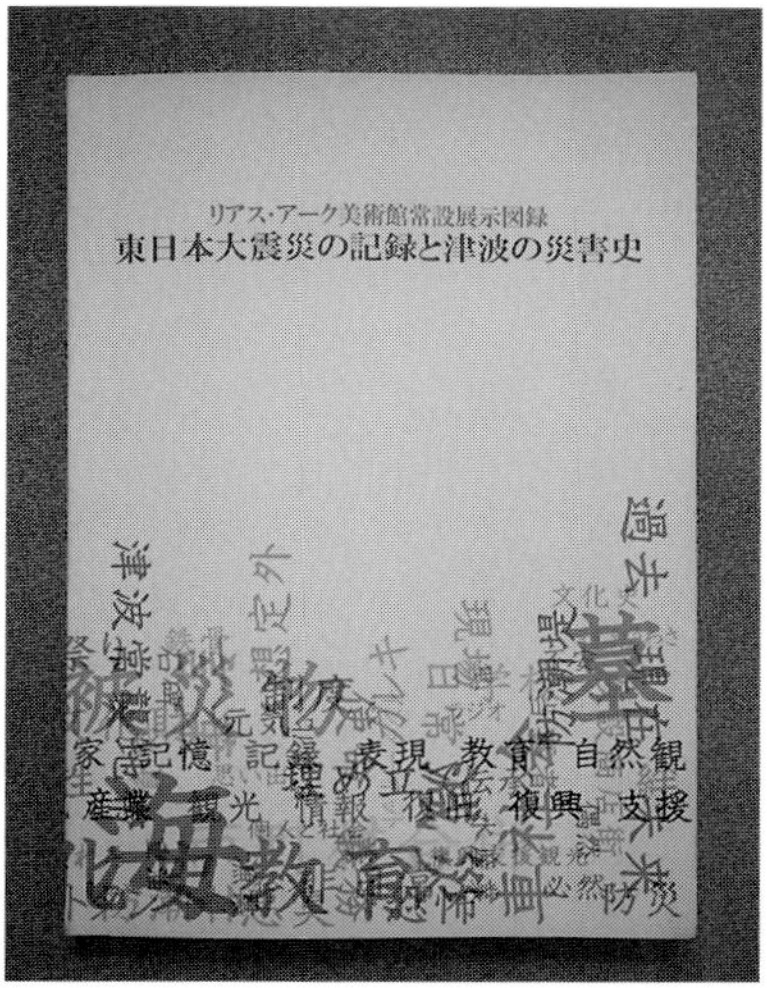

常設展『東日本大震災の記録と津波の災害史』図録

「漁船　2012・12・1気仙沼市唐桑町台の下」につけられた方言まじりのテキスト。「漁師だったら、自分の船は命と同じだがらねぇ。津波来るって聞いだら、まず船ば沖に出すごど考えるもの。皆そうするでば。あん時も、皆して、一斉に船出して、結局戻ったの俺だげ…グラスファイバーの船はダメだ。真ん中がら真っ二づにボッキリ折れで終わり。大きさ関係ないよ。結構大きい船でも同じだでば。あど、火に弱いなぁ…まさに火の海だったもの。昔の木造船は、意外に燃えねぇんだっけよ」と海に出て遭難した状況を再現している。

「トランペット　2011・11・18気仙沼市内の脇2丁目」では、無残にも錆びついた楽器に次のようなテキストが添付されていた。「中学校の時に吹奏楽器で、トランペットを吹いてました。楽器は自分で買わないといけないので、親には嫌がられましたが、それで、まあ、練習用程度の安いのを買ってもらったんですよ。先輩で、開業医の息子がいて、彼のトランペットはすごくいいやつでしたね。音が全然違うんです。でも、先輩は下手だったので、安物でも私の方がいい音出せましたよ。東北大会まで行って、いまでもたまに吹奏楽のメンバーで集まるんですよ。2人かけちゃいましたね…」。最後の言葉が切ない。

この展示がユニークなのは、客観的な解説文をつけるのではなく、主観的なルポふうの文章で震災をより身近に感じてもらおうという姿勢である。それによって展示を観る人々に震災の恐ろしさや防災への意識を高めようと意図している。さらに、震災を考えるために、一九項目に分類し一〇八のキーワードを分析。被災写真や被災物のある場所にテキストをパネル展示した。震災以後、流布された言葉の内実を改めて問い直している。

たとえば、《ガレキ》について「瓦礫（ガレキ）とは、瓦片と小石とを意味する。また価値のない物、つまらない物を意味する。被災した私たちにとって『ガレキ』などというものはない。それらは破壊され、奪われた大切な家であり、家財であり、何よりも、大切な人生の記憶である。例えゴミのような姿になっていても、その価値が失われたわけではない。しかし世間ではそれを放射能まみれの有害毒物、ガレキと呼ぶ。大切な誰かの遺体を死体、死骸とは表現しないだろう。ならば、あれをガレキと表現すべきではない」。

また、《被災物》については、「被災した人を被災者と呼ぶように、被災した物は被災物と呼べばいい。ガレキという言葉を使わず、被災物と表現してほしい」。その通りである。その他、自己犠牲、仮設住宅、仮設商店街、コミュニティー、生と死、避難所、過去・現在・未来、未曾有、文化、当事者と第三者、覚える・忘れる、震災遺構、現場、悪臭などについて、綿密に考え、記述している。「まずは適切な言葉で表現すること。それは情報を共有するための最低限の条件だと我われは考えている。キーワードパネルは言葉の意味を考え、震災を正しく表現するための資料である」。優れたコンセプトだ。

常設展示最後のコーナーは「まちの歴史と被害の因果関係」。

明治、昭和三陸大津波の資料、一九六〇（昭和三十五）年チリ地震津波の資料、戦前、戦後に行われた当地域沿岸部の埋め立てや開発に関する資料等も展示している。明治三陸大津波では、臨時増刊「風俗画報」第一一九号に掲載された『海嘯の惨害家屋を破壊し人畜流亡するの図』の口絵（山本松谷・画）が展示されていた。幼児を含む男女が流される様子がリアルに描かれていて衝撃を受けた。三陸沿岸には平均四十年に一回の頻度で大津波が襲来し、そのつど大きな被害を出した過去がある。当館ではこの歴史資料について「私たちは歴史に学び、そこから未来を考えなければならない。そして自らの過ちを素直に認め、改善するべき点は責任をもって改善していかなければならない」とのメッセージを込めている。未来への対策が急務である。

リアス・アーク美術館は震災資料を常設展示する意味について、「美術館が震災資料を展示することで、それらの資料が美術関係者、アーティストの目に触れる機会が生まれる。多くのアーティストがこの常設展示を素材とし、時代に即した表現へと昇華させてくれることを願っている」としている。展示内容、図録とも一級品の記録資料だと思った。ぜひ鑑賞を薦めたい。

参考文献
リアス・アーク美術館常設展示図録『東日本大震災の記録と津波の災害史』

＊リアス・アーク美術館　気仙沼市赤岩牧沢一三八―五（〇二二六―二四―一六一一）

ひとり語り、ときどき芝居で『東北物語』を紡ぐ

私は東京で生まれたが、幼少の頃から母の実家がある草深い岩手県で育ち、学生時代と会社員生活を送った東京の十一年間を除いて、生涯の大半を東北で過ごした。三十歳で仙台へ移住してからは、東北とは何か、東北人とは何かを自らに問いかけてきた。私の詩の根底には東北の血が流れている。

東北はみちのおく、道の奥、果てしない最果ての辺境とみなされ、太古の昔から蔑みと侵略にさらされてきた。律令国家に反逆した勇士アテルイのように中央政府の強奪や圧政に苦しめられ、それに抵抗した重い沈黙と反逆の血が東北人の体内には流れている。また、東北は「白河以北一山百文」と軽視されながら、豊かな自然は開発の手で荒らされ、無口で素朴な東北人は戦争や経済優先政策の先兵に利用されてきた。そして極めつけは原発被害である。国家と東電はこの落とし前をどうつけるつもりなのか、はなはだ心もとない状況が続いている。

こうした東北軽視の風潮のなかで、一人の演劇家が東北について語り始めた。「東北の人は口下手で、静かな人が多い。しかし、それだけではない。東北の人は温かくて大きくて、優しくて、心の広い人も多いのだ。東北の良さを改めてアピールしたい」と、仙台で演劇のイベントを立ち上げた。「渡部ギュウの役者30周年を祝う会〜ひとり語り、ときどき芝居〜『東北物語』」。そのユニークで心に響く試みを紹介しよう。

仙台の俳優・渡部《わたべ》ギュウさん（五〇）に初めて会ったのは二〇〇九年一月三日。作曲家の岡崎光治さんを中心にした仙台地区の音楽家が集う新年会の席上だった。私は合唱曲の作詩などを通じて、作曲家、ピアニスト、声楽家、合唱団員などの音楽家と親しくさせていただいている。音楽家たちの新年会に呼ばれる物書きは私一人だが、この年は俳優の渡部さんも参加して、初対面の挨拶を交わした。向かい合わせに座った渡部さんは山形県余目《あまるめ》町出身で、米沢牛をもじってギュウの芸名をつけたという。その後は何度か舞台を観劇し、そのつど感銘を受けた。確かな演技で存在感のある役者だと思った。

彼は大学時代、演劇に出会った。当時は唐十郎の状況劇場に影響を受けた仙台の劇団も数多くあった。大学在学中から十月劇場（現 Theater Group OCT/PASS）に参加。十月劇場で九年間を過ごし、一九九三年からフリーの俳優としてさまざまな劇団の公演に参加したり、プロデュース公演や演出なども行った。二〇〇七年、仙台の演劇仲間三人と「ＳＥＮＤＡＩ座☆プロジェクト」を設立し、さまざまな公演を打ってきた。東京など県外の公演も多く、いま、脂の乗った役者として仙台の演劇界をリードする一人である。舞台創作や俳優育成、学校や地域劇団での講師など、他方面にわたって活躍中だ。

ことしの一月三日、恒例の新年会で久しぶりにギュウさんと再会。若くて美しい女優の妻・高橋菜穂子さんと幼い男の子も一緒だった。ギュウさん夫妻と隣合わせだったので、東日本大震災も含めて近況を話し合った。私はなぜかギュウさんに会える予感がしていた。持参した新刊の詩集『かけがえのない魂の声を』（思潮社）を贈呈した。

四月二十三日付の「河北新報」朝刊・文化欄に、ギュウさんの記事が写真入りで掲載された。役者生活三十周年を記念して「SENDAI座☆プロジェクト（仙台市）の俳優渡部ギュウさんが四月、同市青葉区上杉の喫茶店『星港夜～シンガポールナイト』で朗読イベント『東北物語』を始める」という。「東北にまつわる小説や詩、戯曲の朗読を十二月まで計五回行うもので」、初回と二回目は宮沢賢治を取り上げる。その後の予定で三回目の八月には「仙台の詩人原田勇男さんの詩『かけがえのない魂の声を』」とある。なにも聞いていなかったが、光栄だと思った。午後になってギュウさんから電話があり、「妻から原田さんにお願いしたのと言われ、忘れていた！」で大笑い。いかにも彼らしいおおらかさで、私はそんなナイスガイの彼が好きだ。もちろん私の詩を題材にする件について快く了解した。

ギュウさんは朗読イベントのテーマになぜ『東北物語』を取り上げたのか。「河北新報」の取材に「役者生活30周年を機に、東北の役者としての原点に立ち戻ろうと考えた。東北の風土に根差した優れた物語を読み、その魅力についてお客さんとじっくり語り合いたい」と話している。また、初回の公演資料で「一昨年、他界した恩師石川裕人の劇作品で賢治に出会い、その魅力を再発見。そして30代には菅原頑《がん》先生の『アテルイの首』に出会い、東北人でありながらその歴史に無知でしたから6年間も取り組みました。そして大震災。東北とはなにか？　格闘と葛藤は続きます」と、今回の試みについて述べている。

構成・演出担当の菜穂子さんは「二〇一一年に東日本大震災が起こった。気持ちが混乱した日々が続いた。／二〇一二年夏、息子が生まれた。先日で一歳八か月になった／(略)今回のシリーズでは、最初に賢治作品をやりたいと思った。楽しいものがよかった。楽しくて、そしてうんと東北らしいものがよいと思った。／遠くない将来息子は震災があったことを知る。親としてどう話したらよいのか。まだ心も言葉も追いつかない。ただ一つはっきりしていることは、彼は東北の子どもであり、ここで育っていく。私自身にものを書く力はないが、東北の物語の力を借りて、『東北は本当にすてきだぞ！』と叫び続けることが、ここで生きるもの、ここに命を残したものの使命だと考えている」(『東北で生きる』初回の公演資料より)と書いている。母となった女性の未来に向けての力強い言葉である。

四月から隔月で始まった『東北物語』の第一回目の公演は、宮沢賢治作の『税務署長の冒険』だった。税務署長が密造酒禁止の講演をする。講演後の歓迎会で、宴の途中からまわり始めた酒の種類に疑問をもつ。署長は椎茸買いに変装して真相を調べに出掛け、密造酒の製造工場を見つけるが、工場関係者に発見され、監禁される。会社社長は名誉村民で、村ぐるみの密造組織だった。最後は部下に救われ、社長以下全員が警察官に逮捕された。ギュウさんは台本片手に朗読しながら、ときどき芝居を入れて臨場感あふれる場面を演出する。登場人物によって声色を変え、その人物になりきっての演技に、役者としてのキャリアを感じさせた。聴衆は賢治らしい野趣にあふれた山里の密造騒ぎを満喫できた。ミュージシャン平島聡さんの要所で響くパーカッションは、朗読と芝居を支え、ふくらみをもたせた。

　第二回目の公演も、宮沢賢治の詩と童話が選ばれた。上演作品は詩「手簡」「春と修羅」「渓にて」、童話「山男の四月」、詩「雲の信号」「雲」、童話「祭の晩」。ギュウさんの詩の朗読は、豊かな声量と繊細な言い回しで、詩の命とも言うべき言霊《ことだま》を伝えてくる。今回の朗読も賢治の詩精神に触れる思いがした。テーマは「山男よ、東北に蘇れ！」。二篇の童話はいずれも素朴でおおらかな山男を描いたもので、山男の神秘性や賢治の理想像が秘められている。演出の菜穂子さんの思いが込められているようだ。ゲストの菊池桃同《とうどう》さんの胡弓も賢治の世界を伸びやかに表現していた。

渡部ギュウの役者30周年を祝う会・案内状

　八月の第三弾は「東北四重奏～ぬくもりの記憶　原田勇男『かけがえのない魂の声を』他より」。筆者の詩を題材にしたステージである。ギュウさんのコンセプトによれば、この企画はギュウさんが二〇〇九年からスタートした「杜の都の演劇祭」（仙台市主催）の立ち上げにディレクター兼役者として参加した経験から発案された。オーストラリア演劇では著名な劇作家ダニエル・キーンの「皆々さま」をカフェ・プロコプで、二〇一〇年には宮沢賢治の「土神ときつね」を「純喫茶・星港夜〜シンガポールナイト」で上演した。演出はどちらも菜穂子さんだった。

「杜の都の演劇祭」は上演時間六十分。「リーディング中心で、名作を！」というコンセプト。店主・オーナーの想いが詰まった市内の名店カフェを会場とする仕掛けも加わり、人気の高い企画が毎年続いている。作品、店、出演者がもつファン（観客）が交差的に出会う新しい劇空間。二時間近く缶詰にされる劇場とは違う心地よい緊張、暮らしや日常のすぐそばにある演劇、まさに劇の広がりという可能性を秘めている。また仙台には小劇場が少ないということもあるとギュウさんは指摘する。

『東北物語』は妻・菜穂子さんとの共同作業である。「東北の風土で育った人間・役者・演出者・表現者であることのプライドをかけた戦い……いや提案か。今、なにを共有すべきか？もっと簡単に言えば、どうやってみんなで楽しく生きようか？」という趣旨だという。「私らは社会構造の改革とかに着手できないが、いくつかの、これはよさそうだ、これは心の薬になる（劇薬かもしれないが）とか、ちょっとした幻想にはアプローチできる。そうだ幻想だ、東北は豊かなのだともっと幻想する行為。いやかつては豊かだったというロマンでもいい。いやもっとはっきり言うと、震災後に明らかになった、東北はなめられている、なめられてきた、この事故への抗議かもしれない」と彼は主張する。私も同感だ。

私事になるが、ギュウさんが私の作品を選んでくれたことについても率直に語っている。「原田先生とは今年の正月に、久しぶりに再会した。先生の第一声は『やっぱり東北なんだよな、ギュウちゃん』だった。そして震災後に発表された作品集を一冊頂戴した。ホントは、先生の作品はあまり知らなかった。それでも私は『やっぱり東北なんだよ』とつぶやく、先生の覚悟ある一言に、とても感銘を受けた」。

「先生の少年期、青春、失敗談、そして震災のこと……、副題にしたこの『ぬくもりの記憶』が詰まった言葉を集めた。先生のチャーミングな人間像も意識した。それでも少し迷いはある。詩は声になる（身体化される）ことを予期しているのか？　詩を声に出して読むということ、役者が読むとなれば、どうしても物語ってしまう。物語っていいのだろうか、いいはずだ。役者は〈再話〉する語り部だから、今回の上演は、先生の作品をお借りした私の物語にもなりうるはずだ、という論法で大胆にコラージュした」と語っている。先生呼ばわりには恐縮するが、父と息子ほどの年齢差があるので、私を立ててくれたのだろう。

本稿を書いている段階では、八月の公演前のため実際のステージの模様を伝えることはできないが、菜穂子さんの構成によって全体の流れを記録しておこう。詩を演出する場合の参考になると思うからである。プロローグでは「杜と川と海辺のまちで」（詩集『かけがえのない魂の声を』より）の冒頭の詩句から始まる。

「歌うことを疑った黙秘の季節／首都から北国の知らないまちへ〃この地にきて失うものは何

もなかった／はじめから失うものなど／何も持ち合わせていなかったのだ／虚ろな闇を抱えた青白い魂が／杜と川と海辺のまちに漂着した」。心身の療養のため東京から仙台へ移住した時期を再現する詩句である。そこから第一部・少年時代の「夏・童画の時間」からの三篇へ戻っていく。男の子の母親である菜穂子さんらしい演出だ。

第二部は〈炎の樹〉や恋愛詩から三篇。気恥ずかしい作品もあるが、青春の愛と挫折など、聴衆に伝わりやすい題材を選んだのだろう。第三部になって演出は一変する。シュールな散文詩「野菜売りの声がする朝」（詩集『炎の樹』より）と路上派的な長篇詩「釘を踏み抜いて早坂愛生会病院まで」（詩集『サード』より）は、私にとっても思い入れの深い作品である。

第四部は震災を主題にした作品群。詩集『かけがえのない魂の声を』からの朗読である。四篇をコラージュした演出や「未来からのまなざし」（抜粋）に続いて、冒頭の「杜と川と海辺のまちで」の残りの詩句を朗読する。エピローグは少年時代の詩「小さな疑問」に戻り、「北の歌は絶えることなく」「カマキリに会った日」で終わる。全体に優れた演出効果が伝わってくる。ゲストの音楽家はピアニストの石垣弘子さん。クラシックから現代音楽までレパートリーが広く、シンセサイザー演奏の名手でもある。私の作詩した合唱曲のピアノ伴奏でもおなじみの友人だ。

それ以後は十月、「アテルイの首」（戯曲・仙台の劇作家、菅原頑の作品）。十二月、「紙・石・はさみ～じゃんけんぽん～」（戯曲・ダニエル・キーン、ゲスト出演あり）。二〇一五年二月、「遠野物語」（小説・柳田国男）を予定している。いずれも重要なテーマによる公演である。私たちはこれからもそれぞれの『東北物語』を表現していくだろう。震災以後も東北で生きる私たちの使命と特権だと思うからだ。

《追記》渡部ギュウさんの卓抜な朗読と演技はもちろん、石垣弘子さんのピアノも好評だった。当日演奏された曲目を紹介する。間宮芳生「夕ぐれのうた」「河のほとりで」「さびしいけれど、私は泣かない」、サティ「ジムノペディ2」「グノシエンヌ2」「Je te veux」「ナマコの胎児」、スクリャービン「エチュード」、バルトーク「ルーマニア民俗舞曲より1」「村の夕ぐれ」

いま夢の帆は風をはらんで――政宗と常長

いまから四〇〇年前、海外との交易を望んだ仙台藩主・伊達政宗の命を受け、藩士・支倉常《はせくらつね》長《なが》ら慶長使節一行一八〇人余を乗せた木造洋式帆船サン・ファン・バウティスタ号が宮城県牡《お》鹿《しか》半島の月浦《つきのうら》（現・石巻市）を出帆したのは、一六一三（慶長十八）年十月二十八日のことだった。このころは世界的な大航海の時代で、いち早く海外に目を向けた伊達政宗の先見性と挑戦意欲は、現代でも高く評価されている。

四〇〇年前、伊達政宗はどんな夢を抱き、支倉常長はどんな使命を担ったのか。宣教師ルイス・ソテロの案内で月浦から出帆した一行は、何度も大あらしやしけに遭いながら大海原を越えて、一六一四年一月二十八日にスペインの植民地ヌエバ・エスパーニャ（メキシコ）のアカプルコに入港。常長はメキシコ副王宛の政宗親書を携え、対スペインとの貿易協約案を提示したが、副王の裁決権を越えるので、本国における検討と国王の裁可を必要とし、判断は先送りされた。そこで使節団はキューバを経て大西洋を横断し、スペインへ向かった。

一六一四年十月、スペインのサン・ルカル・デ・バラメーダに入港。コリア・デル・リオからセヴィリヤに到着。セヴィリヤ市民の歓迎と最高のもてなしを受けた。コルドバ、トレドでも熱狂的な歓待を受けた一行は同年十二月、王都マドリードに到着。一六一五年一月三十日、スペイン国王フェリーペ三世に謁見《えっけん》し、政宗の親書が進呈される。その内容は宣教師の派遣と布教は自由であること。ただし、伊達領内という条件つきであった。次に、メキシコとの自由貿易を提案。これに対しスペイン国王は宣教師を派遣するが、貿易については無回答だった。徳川幕府が禁教を強化しているとの情報が伝わっていたからである。

同年二月十七日、常長は王立フランシスコ会跣足派女子修道院協会で国王の臨席の下に洗礼を受ける。洗礼名は「ドン・フィリッポ・フランシスコ・ハセクラ・ロクエモン」。一行はバルセロナからスペインをあとにしてローマに向かう。その目的はローマ教皇からスペイン国王に対し、日本と貿易するように口添えをしてほしいと依頼するためだった。常長は貿易協定をめぐって国王と交渉するが、進展がなかったからだ。

一六一五年十月二十九日、ローマでは常長一行の入市式が行われた。常長と従者は白馬に乗って華やかにパレード。ラッパ隊と騎馬兵、貴族に先導され、常長はサン・ピエトロ大聖堂を背に行進した。月浦から出帆して二年と一日。常長にとって晴れがましく、輝かしい栄光の日だった。その後、常長はローマ教皇パウロ五世に謁見し、政宗の親書を奉呈する。これに対し教皇は、常長と従者にローマ市民権を与え、さらに常長を貴族に列した。常長はスペイン同様に破格の待遇を受けた。

政宗が教皇に宛てた文書の内容は、自分（政宗）は事情があって受礼していないが、領内にキリスト教を広めるために宣教師を派遣してほしいとし、領内に教会を建て布教に協力する。そのことをスペイン国王にとりなしてほしいとしている。これに対してローマ教皇からの回答は、宣教師は派遣する。メキシコとの貿易に関してはスペイン国王に実現を働きかけるというものだった。常長はローマをあとにしてスペインに戻り、粘り強く交渉するが、日本国内の禁教強化の情報が伝わって、国王の不信感をくつがえすことはできなかった。国王は早々の帰国を指示し、マドリードからの退去を命じた。

　政宗の願いを達成することができず、一六一七年七月、失意のうちに常長はスペインを去る。メキシコからマニラに渡り、二年間滞在したあと、一六二〇年八月、長崎に帰国。九月に仙台へ帰ってきた。常長の帰国を受け、政宗はただちに領内に禁教令を出す。メキシコ貿易が実現せず、布教だけを認めることは政宗にはできなかった。家康の禁教令に対立するからである。家康が政宗の使節派遣を特例として認めたのは、貿易で利益が生まれるからだった。常長の七年にわたる長い旅は栄光と挫折のうちに終わった。常長は翌年病没したとみられる。

　私が慶長使節に深い関心を抱いたのは、東日本大震災後のことだった。約四〇〇年前の一六一一（慶長十六）年十二月二日、慶長大津波が仙台領を襲った。その二年後に企てられた使節派遣は、復興への大きな柱の一つではないかという研究が進んで、その新しい学説によって、伊達政宗と支倉常長の壮大な夢が現代によみがえってきた。

　これまで慶長大津波と慶長使節派遣をつなぐ資料は見当たらないが、約五十年のあいだ、慶長使節について研究してこられた濱田直嗣《なおつぐ》さん（宮城県慶長使節ミュージアム館長、仙台市史編さん専門委員）は、「三・一一を体験した一カ月後に、慶長大津波のことを考えたとき、復興と関係があるのではないか、慶長大津波後の伊達政宗の国づくりの一環として、大半が説明できるのではないかと思いつきました。私だけではなく、数人の研究者の方々がほぼ同時にそう考えました。その視点から見ると、慶長使節派遣の動機が見えてきます」と指摘する。

スペイン人の冒険家ビスカイノは地震が起きたとき、越喜来村《おきらい》（岩手県大船渡市）で被災した。その後、仙台へ帰る途中の今泉村（岩手県陸前高田市）に宿泊し、「津波でほとんどの家が流され、五十人以上が溺れた」と報告書に記載している。伊達家の正史である『貞山公治家記録《ていざんこうじかきろく》』には「領内で一七八三人が溺死した」と記されている。徳川家康の身辺録『駿府政事録《すんぷせいじろく》』には、伊達政宗の領内で大きな波がきて海沿いの家屋がことごとく流失し、溺死者は五〇〇〇人ほどおり、これが津波といわれるものだ、という報告が家康にもたらされた、と記録されている。また、地震の研究が進み、マグニチュードは8・6〜8・8、東日本大震災の9に匹敵する大規模の地震だったことがわかっている。

一六〇〇（慶長五）年、仙台開府以来、政宗は城の構築、城下町の新設など仙台藩の成立に努めた。一六一〇（慶長十五）年の仙台城本丸の完成を機に第一期の事業を終え、次に城内の整備・拡充に向けて第二期を迎えつつあった。そのような時期の一六一一（慶長十六）年十二月二日に、大津波が押し寄せ、仙台領の沿岸部は甚大な被害を受けた。この慶長大津波によって、政宗は仙台藩の復旧、復興に直面することになった。その結果、再生のための画期的な事業の遂行が必要になり、この柱の一つが外国との交流によって大きな利益を得ようとする方策を推進することになったのである。

政宗は地元の木材を使い、地元の大工や鍛治、人夫を雇用して西洋式帆船サン・ファン・バウティスタ号を造船した。宣教師ルイス・ソテロの記録では、八〇〇人の大工、七〇〇人の鍛治、三〇〇〇人の人夫が働いたとしている。造船はまさに復興事業だったのだ。一方で政宗は津波の浸水地域で新田開発の奨励や入り浜式塩田の開発、北上川の改修による石巻港の整備を進めている。欧州との貿易が始まれば港湾の重要性は高まる。結果的に海外貿易は消滅したが、政宗は整備した石巻港から仙台の米を江戸へ大量に出荷して利益を上げた。慶長大津波からの復旧、復興を見事に成し遂げたのである。

仙台博物館の特別展示室には国宝『慶長遣欧使節関係資料』が展示されている。二〇一三年六月十九日、ユネスコ世界記憶資産登録物件として決定した。登録されたのは、『慶長遣欧使節関係資料』のうち『国宝 ローマ市公民権証書』『国宝 支倉常長像』『国宝 ローマ教皇パウロ五世像』の三点。世界記憶遺産とは、歴史的人物の直筆文書や楽譜など、後世に残すべき世界各国のドキュメント（記録）遺産などを保全することを目的として、ユネスコ（国連教育科学文化機関）が一九九二（平成四）年から事業を進め、現在二九九件が登録されている。

濱田さんは「この資料は大航海時代、東洋に残っている唯一の記録です。主体的に欧州へ出掛けて行った価値が世界に認められてうれしいですね」と話している。この偉業を未来へつなぐ試みも始まった。慶長遣欧使節出帆四〇〇年記念事業「平成青少年遣欧使節団派遣プロジェクト」（同実行委員会主催・宮城県ほか後援）では、スペインに第一期十人の高校生を派遣。常長らの足跡を追体験しながら、現地の家庭にホームステイして地元の人たちと交流を深めてきた。来年は第二期としてさらに十人をイタリアに派遣する計画だ。濱田さんは「子どもたちが歴史

慶長遣欧使節船サン・ファン・バウティスタ号復元船

を学ぶだけではなく、感性でどうとらえるかが大事です。現地での交流を通じて、慶長使節の意義を次の時代へつなげてほしい」と期待を寄せている。

私は一九九三（平成五）年、サン・ファン・バウティスタ号が宮城県によって復元されたとき、仙台の作曲家・岡崎光治《みつはる》さんの推薦で、合唱曲の作詩を担当した。その『いま夢の帆は風をはらんで』のなかで、次のような詩句を書いた。「どらが鳴り　胸躍る出発の時だ／冒険心がなければ新しい扉は開かない／この目で世界のすべてを見てくる／この耳で世界のすべてを聴いてくる／この心で世界の人びとと触れ合うのだ／／いま夢の帆は風をはらんで／さあ　出かけよう　出かけよう」。

子どもたちには世界の新しい風を感じてもらいたいと願っている。

サン・ファン・バウティスタ号は、石巻市渡波《わたのは》の宮城県慶長使節船ミュージアム（愛称・サン・ファン館）に係留、展示されているが、東日本大震災でサン・ファン館は、復元船を取り囲むドック棟を中心に大きな被害を受けた。大津波は何度も押し寄せ水位は約八メートルの高さにまで達した。建物のガラスは破壊され、精巧に作られた復元船の模型や船大工道具などの展示物が流された。復元船は大波に耐え船体を激しく上下させながらも、舳先を真東に向けていた。太平洋を横断したときのように、荒波を乗り切ったが、五十日後の強風で中央のメインマスト見張り台上部と前方のフォアマストが破損した。その後、さまざまな支援が寄せられた。カナダからマスト用材が提供され、ベイマツ四本、スギ一本を使って見事に復元された。

震災から二年八カ月を経て、サン・ファン館は一般公開を再開した。館の周辺も大きな被害を受け、避難所が設けられた。それでも石巻市民にとって館の復旧は大きな喜びだった。館長の濱田さんは「地元の皆さんがサン・ファン館が生き返って良かった、よく再生してくれたと話しているのを聞き、皆さんのサン・ファン館になったと思いました。これからも周辺の人たちの歩調に合わせ、四〇〇年前のように再生に努めたい」と語っている。再開後、入場者は約二割も増えたという。日本航海学会はサン・ファン館再開の業績で、使節を管理・運営する慶長遣欧使節船舶協会に「青少年の健全育成や海事思想の啓発に寄与している」として航海功績賞を贈った。

同館では本年（二〇一四年）七月二十二日から十月二十六日まで企画展「海のまちと希望の帆船」を開催。会場には津波にのまれて回収されたサン・ファン号の模型も展示され、津波の猛威を伝えている。興味深いのは慶長大津波の二年後に出帆した慶長使節団派遣の意義に関する資料も公開し、大震災からの復興と再生が強い要因であったと結論づけている。

解説によれば「慶長使節派遣の動機と目的について、出帆の一年十一カ月前に発生した大震災からの復興と再生が強い要因だったという結論を導きました。これは、伊達政宗たちが仙台藩開府以降に繰り広げられた国づくりの最中に出現した新しい課題のひとつであり、海外との交流や通商によって生まれるエネルギーをもとに、震災後の藩政の立て直しや領民の救済を図るものだったとする見解です」と展示の意図を明確にした。

いま夢の帆は風をはらんで――政宗と常長の壮大な再生への思いが四〇〇年の時空を超えてよみがえってくる。私たちは東日本大震災に遭遇し、復興への困難な過程にいるが、希望と勇気をもって厳しい現実に立ち向かいたいものである。

参考文献

濱田直嗣『政宗の夢　常長の現《うつつ》』（二〇一二年、河北新報出版センター）
慶長遣欧使節出帆四〇〇年記念事業・講演抄録「希望の風」、フォーラム・基調講演・平川新《あらた》「世界のなかの日本と慶長遣欧使節」、慶長使節四〇〇年記念誌「航」

濱田直嗣・平川新「伊達政宗の夢」（平成青少年遣欧使節団派遣プロジェクト・対談）

蝦名裕一『慶長奥州地震津波と復興』（二〇一四年、蕃山房）

＊サン・ファン館（宮城県慶長使節船ミュージアム）　石巻市渡波字大森三〇―二（〇二二五―二四―二二一〇）

女川原発をめぐって

「光の川」という詩を書いたことがある。震災年の夏、数多くの犠牲者を出した宮城県名取市閖上《ゆりあげ》で行われた新盆の灯籠流し。一〇〇〇個の灯籠に追悼の火が灯され、名取川は「光の川」になった。ふと「女川《おながわ》」という地名は、どんな由来があるのだろうかと思った。女川町の西側、黒森山の麓にあたる奥地・安野平《あのたいら》から流れ出る渓流がある。平安時代、安倍貞任《あべのさだとう》の軍勢が隣村・稲井（いまの石巻市稲井）の館に寄り、源氏方の軍と戦ったとき、一族の婦女子を安全地帯の安野平に避難させた。この史実によって、ここから流れ落ちる小川が「女川」と呼ばれるようになった。豊かな命を育む川が海と出会う場所である。

牡鹿《おしか》郡女川町は宮城県の東端、太平洋に突き出た牡鹿半島の基部にあたる場所に位置し、北部、南部にかけて石巻市に広く隣接する。女川湾とともに南三陸金華山国定公園に指定され、豊かな自然環境に恵まれている。北上山地と太平洋が交わるリアス式海岸は水深が深く、天然の良港としてホタテ、カキ、ギンザケの養殖が盛んだ。金華山沖の漁場が近いことから、豊富な魚類が数多く水揚げされる。町の南には石巻市にまたがって、東北電力の女川原子力発電所がある。

東日本大震災で町は壊滅的な被害を受けた。狭い土地に市街地が密集するリアス式海岸特有の地形だけに、海抜二十メートルを超えた津波は、山間部の集落までも全壊させた。二〇一一年の震災時の人口は一万〇〇一四人だったが、二〇一四年十二月一日現在の人口は六八四七人と大幅に減少した。死者は五七三人（二〇一四年八月四日現在）、死亡決定者二五四人（震災行方不明者で死亡届けが受理された者）、被害住宅総数四四一一棟を数える大惨事となった。

二〇一四年十月初旬の晴れた日に、友人が運転する車で女川町を訪れた。女川湾の海は青く輝いていた。東日本大震災後、三陸のどこの海辺を歩いても波は美しく穏やかで、あの恐ろしい厄災が現実に起きたとは信じられないくらいだ。そのかすかな違和感にも似た体験はいまでも続いている。大自然の豊かな恵みと人知を超越した圧倒的な津波の脅威。震災の記憶は大自然への畏敬と防災の重要性を改めて喚起させる。

高台にある女川町地域医療センターから東側の女川湾と町中心部の鷲神浜《わしのかみはま》地区を見下ろした。手前の市街地はがれきが取り除かれ、更地が広がっていた。震災で横倒しになった江島共済会館が異様な状態で女川湾に対峙していた。町は震災遺稿として保存を検討していたが、建物の損傷が激しく、年内に取り壊された。近くに行員ら十二人が犠牲になった七十七銀行女川支店があった。家族は跡地に祭壇を設けて、犠牲者を追悼するとともに、銀行側の避難指示の不手際を非難している。

震災跡地は至るところでかさ上げ工事が行われ、クレーン車やダンプカーが走り回っていた。町の中心市街地の復興拠点は、新しく生まれ変わるＪＲ女川駅。世界的な建築家が設計した女川駅と町営温泉「ゆぽっぽ」の併設施設は、なだらかな曲線を描く屋根の形状が見えてきた。復興庁は二〇一四年十二月十九日、女川町が復興事業として中心部に商業エリアやテナント型商店街などを整備する「まちなか再生計画」を認可した。整備費は六億七〇〇〇万円で、七割は補助金で賄うという。復興の光と影。町が再生されても、その背後には多くの犠牲があったことを忘れてはならない。ここから女川原発は見えないが、その再稼働問題も住民感情に複雑な陰を落としている。

町医療センターの仮設商店街で喫茶「おちゃっこくらぶ」を営む岡理恵さん（三四）は、下の商店街で高さ約十七メートルの津波に店を押し流された。なんとか命をとりとめ、苦労の末に二〇一一年十二月、仮設の喫茶をオープン。全国からの観光客が立ち寄っている。「復興はまだまだですね。来年三月のＪＲ女川駅と商店街の再生でどうなるか」。女川原発については「町の経済が潤ったのは確かだけど、福島の原発事故のことがあるからね。不安ですね」と揺れ動く心情を覗かせていた。

町医療センターの敷地内には、追悼施設が設けられ、石碑や庭園が造られた。「全国優良石材店の会」が東日本大震災の教訓を伝える石碑「津波記憶石」を寄贈。石碑は高さ二・七メートル、幅三・三メートル、丸い石を下から三枚の石版で支える。石碑には女川中学校卒業生が各浜に建てている「いのちの石碑」の『千年後の命を守るために』という文を引用して「ここは津波が到達した地点です／もし大きな地震が起きたら／この石碑より上へ逃げてください／逃げない人がいても　ここまで／無理遣理にでも連れ出してください／家へ戻ろうとしている人がいれば／絶対に引き止めてください」と刻まれた。

この石碑は現地を取材したときにはすでに建てられていたが、二〇一四年十一月二十六日に除幕式が行われた。「河北新報」の記事によれば、デザインしたのは東北芸術工科大学の前田耕成教授で、丸い石は人や絆といった大切なものを象徴する。石版は若い人から高齢者まで幅広い世代で、大切なものを支える住民の姿をイメージしたという。石材店の会の吉田剛会長は「犠牲になった人を慰霊し、津波の恐ろしさを後世に伝えたい」とあいさつ。須田善明町長は「石碑は町を見守るとともに、復興へ歩みだす姿を象徴する存在になる」と感謝した。

また三重県のNPO法人芭蕉俳句文学館は、二〇一三（平成二十五）年三月十一日、俳句絵碑を寄贈した。絵碑には「震災で　失くしたピース　取り戻せ」（女川町　澤田なつみさん）、「東北の　空へ空へと　しゃぼん玉」（四日市市　林千代子さん）の絵と俳句が刻まれている。さらに、美しい庭が震災跡地を見下ろす位置に造られている。ランドスケープアーティストの石原和幸氏の「床の間ガーデン」で、英国王立園芸協会のチェルシーフラワーショー２０１３において、ゴールドメダル＆ベストアルチザンガーデンを受賞した作品である。さまざまな樹木や石に

女川町地域医療センターから女川湾を望む。手前の建物は倒壊した江島共済会館。2014 年 12 月に撤去された

女川原子力発電所全景

四阿《あずまや》を配した和風の庭が心を和ませていた。

女川原発へ向かう途中、道路右手の高台にある高白浜仮設住宅を取材した。漁業を営む木村勝彦区長（六六）は、海に出て不在だったが、妻の啓子さん（六二）に話を聞いた。チリ地震津波のときは床までの浸水で済んだが、今回は家もろとも流され、啓子さんは杉の木につかまって助かった。「死ぬかと思いました。九死に一生を得ましたね」。近くのホテル海泉閣に避難したが、背中を強打し胸板骨折の重症だった。消防のヘリコプターで搬送され、石巻に三日間いたが、十分な治療が受けられず、仙台の社会保険病院へ転送されて手術を受け、やっと恢復した。勝彦さんは海に出ていて無事だった。母親のとみさん（八五）は戦争を体験しているだけに、冷静沈着だったという。

高白浜の港では一人が遺体で見つかり、二人が行方不明になった。住民一〇〇人が高台の仮設住宅に入った。震災後三年半が過ぎて、石巻や仙台に避難した人々も多く、現在は十五所帯、三十六人だけになった。「仮設住宅に長くいると、それぞれ苦労があるものです。だから移住する人も増える」という。漁師の勝彦さんは中古船を手に入れて再び海に出た。「反対したんですが、海の人だからね」と啓子さん。ホタテの養殖を始めて一年。ホタテが成長して食べれるようになるまでは三年かかるという。それでも海の男は海に戻って行った。

取材中に男女二人の町民がアンケート調査の用紙を配りにやってきた。女川原発について原子力規制委員会が再稼働の前提となる安全審査を行っているところから、女川町議有志三人が九月下旬から町内全世帯に再稼働の賛否を問うアンケートの調査票を配布し、十二月に結果を発表することになった。質問項目は、再稼働の賛否と理由、規制委員会の新規制基準に対する評価や災害時の避難計画についての意見などを書き込む自由記述欄も設けた。締め切りは十一月末で十二月初旬に最終結果を県と町に伝え、全世帯にチラシなどで報告するという。

発案者は共産党の高野博、阿部律子両町議と無所属の阿部美紀子町議。報道各社の記事によれば、原発稼働前から反対運動を続けてきた高野町議は「福島第一原発事故を見てもわかる通り、原発とは共存できず、再稼働には同意できない。女川原発の再稼働をめぐり地元の合意が問われることになるが、民意を反映してほしい。アンケートで町民の意思を明らかにしたい」と訴えた。啓子さんは「福島原発事故を私たちはじかには感じないけど、未来のことを考えると、小さな子どものことを思って、再稼働してほしくない。原発は町にとってプラスにもマイナスにもなる。葛藤がありますね」と難しい胸の内を明かした。

女川原発は牡鹿半島の中ほど、女川町塚浜と石巻市前網浜に位置する。一号機が一九八四年に営業運転開始以来、二〇一四年六月一日で三十年を迎えた。国内の商業用プラント四十八基のうち十七番目に古い。二号機は一九九五年、三号機は二〇〇二年に営業運転を開始した。震災で三基とも自動停止し、いまは冷温停止が続く。東北電力は二〇一三年十二月下旬、二号機の再稼働を目指し、規制委員会に安全審査を申請した。しかし、震災で地下施設が浸水するなど被災の事実は重い。規制委の審査は厳しく、再稼働の見通しは不明である。

遠くの海辺から女川原子力発電所の建物を眺めた。防潮堤と垂直遮水板の上に広がる敷地内では、白い建屋と鉄色の巨大なクレーン群が目についた。女川原発の震度計は震度六弱を計測し、津波の高さは港湾空港技術研究所の調査によれば、津波の最大波高（浸水高）は女川漁港の消防庁舎で海抜十四・八メートルを記録した。

女川原発は高台にあるため、辛うじて津波の直撃を免れたが、発電所を管理する宮城県原子力センターや防災対策センターの建物は二階の屋上まで冠水し、環境放射能線監視システムが壊滅。職員の多くが行方不明になったため、国や県に一時的に報告できない状態に陥った。原発の敷地の標高は十四・八メートルだが、地震で約一メートル地盤沈下。津波は敷地まで八十センチの高さまで迫ったことがわかっている。

近くの女川原子力ＰＲセンターに立ち寄った。震災後、入館者が増えているという。さまざまな安全対策をＰＲしているが、福島原発事故のあとだけに不信感はぬぐえない。しかも、女川原発の原子炉型式は、福島と同じ沸騰水型軽水炉。古い型の原子炉である。規制委は原則として原発の運転上限を四十年と定めている。設備の劣化は避けられず、運転開始から三十年が過ぎた一号機への不安は無視できない。

こうした原発に対する懸念は町民の意識にも微妙に反映している。「河北新報」によれば、町議三人が女川原発の再稼働の是非について女川町の全世帯を対象に、二四四〇世帯へ調査表を配布。十一月末までに郵送で回答を得た。回収率は二七・七％だった。その結果、回答者の六割近くの五八・七％が反対、賛成は二〇・〇％。賛成、反対の両方を選んだ回答も一六・〇％あったという。反対の理由は「福島県のような事故が心配」が最も多く、「お金より命の方が大切」「事故が起きたら復興の努力が水の泡になる」と続いている。

調査を行った高野博町議は「現状では町が二号機再稼働の受け入れを表明する条件はまったくない」と強調し、町が住民の意向調査を実施するよう、須田善明町長に申し入れた。町長は「福島第一原発事故が原発立地自治体の住民、国民に不安を抱かせたことは間違いがない。まずは安全性の確立が第一だ」と語った。さらに「これまで女川原発は東北七県に電気を供給してきた。その電源供給をどうするかという問題は自治体の判断ではなく、全体を捉えた政治的判断が必要となる」として、住民投票や意向調査をする考えはないことを示した。

日本政府は原発をエネルギー需給構造の安定性に寄与する重要なベースロード電源と位置づけ、安全性が確認されたものは再稼働を進めるとしているが、福島第一原発事故の原因究明や東電の運営管理責任を問うこともなく、最終処分場も決まっていない段階で、なにが再稼働なのかと言いたい。使用済み核燃料に含まれるプルトニウムの半減期間は二万四〇〇〇年、生物にとって安全なレヴェルまで放射能が下がるにはおよそ十万年の日時を要するという。はるか未来の人類にまで負の遺産を残す原発の存在自体が問われなければならない。原発の安全神話が崩壊した現在、日本は被爆国としての原点に戻り、再度原発のあり方そのものを根本から見直す必要があると思う。

あとがき

　東日本大震災から約四年が過ぎた。当初は甚大な被害に遭遇し言葉を失ったが、亡くなった方々や被災した人々の思いを伝えるために詩やエッセイを書き続けた。二〇一三年八月下旬、未來社の西谷能英社長から依頼の電話があり、同社の月刊ＰＲ誌「未来」に二〇一三年十一月号より一年間、連載エッセイ「みちのくからの声」を執筆した。母の実家のある岩手で育ち、仙台で生きている私は、東北の地からさまざまな事象を見据え発言してきた。

　今回、連載した文章を中心に、震災以後に発表したエッセイ、論考、書評を含め、単行本を出版していただけることになった。大変光栄である。写真は私自身が撮影したが、何必館・京都現代美術館の上野憲男展、女川町の被災地と原子力発電所の写真は、同行した詩友の玉田尊英さんが撮影した写真を使わせてもらった。感謝している。未來社の西谷社長と編集部の天野みかさんには、綿密な校正と適切な助言をいただいた。心から御礼申し上げる。

二〇一五年二月

著　者

初出

大自然の脅威と人間の英知　「COAL SACK」六十九号　二〇一一年四月三十日
自然と文明のバランスを／宇宙からの通信　「THROUGH THE WIND」二十五号　二〇一一年五月三十一日
鎮魂と地域再生　「現代詩手帖」二〇一一年九月号
人々の魂に響くもの　同　二〇一一年十月号
国際交流と言葉の力　同　二〇一一年十一月号
インドの詩人たちと震災詩を朗読　「詩人会議」二〇一二年二月号
台日文学者交流会に参加して　「THROUGH THE WIND」二十八号　二〇一二年九月九日
鎮魂と復活　同　二十九号　二〇一三年二月二十八日
「鳥の目」をもつ　「現代詩手帖」二〇一三年五月号
芸術のもつ不思議な力を味わう　「THROUGH THE WIND」三十号　二〇一三年七月二十五日
女優園井恵子と核廃絶　「未来」二〇一三年十月号
被災の個人的な体験を語り合う　「THROUGH THE WIND」三十一号　二〇一四年四月十七日
鎮魂と警鐘　「現代詩手帖」二〇〇六年九月号に加筆／『尾花仙朔詩集』解説、思潮社　二〇一四年
みちのくからの声　「未来」二〇一三年十一月号〜二〇一四年十月号
女川原発をめぐって　書き下ろし

【著者略歴】

原田勇男（はらだいさお）

1937年10月11日東京生まれ。
岩手県岩手郡松尾村（現八幡平市）、松尾鉱山（閉山）で育つ。
盛岡工業高校普通科、早稲田大学卒業。1968年、東京から仙台市へ移住。
元スポーツ業界紙編集長、東日本大震災後フリーライター。詩人。
日本現代詩人会、日本文藝家協会会員、日本現代詩歌文学館振興会評議員、宮城県芸術協会、宮城県詩人会会員。詩誌「THROUGH THE WIND」「舟」同人。

《著書》

詩集『北の旅』（「匣」同人会）、『炎の樹』（青磁社）、『火の奥』（沖積舎）、『サード』（ありうむ出版）、詩画集『夢の漂流物』（画・上野憲男、創童舎）、詩集『エリック・サティの午後』（創童舎）、『水惑星の北半球のまちで』（書肆みずき）、『何億光年の彼方から』（思潮社）、『炎の樹連禱』（思潮社）、『かけがえのない魂の声を』（思潮社）。

《合唱曲の作詩》

『魂の坑道は果てしなく――炭鉱で生きた人々のためのレクイエム』（岡崎光治作曲、全音楽譜出版社）、東北大学男声合唱団創立50周年記念委嘱作品・男声合唱組曲『心に翼を』（岡崎光治作曲、全音楽譜出版社）、宮城県慶長遣欧使節船「サン・ファン・バウティスタ号」賛歌『いま夢の帆は風をはらんで』（岡崎光治作曲）、2001年みやぎ国体・新世紀序曲『新しい時の渚から』（岡崎光治作曲）、宮城県芸術協会・韓国大邱国際交流公演「大震災を乗り越えて」混声合唱組曲『希望の灯火』（水月りの共作、八島秀・吉川和夫作曲）、宮城県芸術協会50周年記念賛歌『しなやかな心で』（吉川和夫作曲）ほか。

《日本舞踊・モダンバレエの台本・作詩》

藤間京緑・日本舞踊リサイタル台本作詩・遠野物語によるファンタジー『おしらさま幻想』（岡崎光治作曲）、モダンバレエ・宮城県洋舞団体連合会第35回記念洋舞公演委嘱作品『蔵王の空と風に』（岡崎光治作曲）、宮城県洋舞団体連合会第40回記念洋舞公演委嘱作品『旅立ちは朝の輝き』ほか。

東日本大震災以後の海辺を歩く

みちのくからの声

2015年3月5日　初版第1刷発行

定価　本体2000円＋税

著者　原田勇男

発行者　西谷能英

発行所　株式会社 未來社
〒112-0002 東京都文京区小石川3-7-2
振替 00170-3-87385　電話 03-3814-5521(代表)
http://www.miraisha.co.jp/　info@miraisha.co.jp

印刷・製本　萩原印刷

ISBN978-4-624-40066-8 C0036

櫻隊全滅
江津萩枝著

〔ある劇団の原爆殉難記〕広島で原爆を受けて全滅した丸山定夫以下九名の移動演劇〝櫻隊〟の悲惨な死を、あらゆる資料・証言・実地踏査などを通して記録した感動的な鎮魂の書。

一八〇〇円

明日なき原発
柴野徹夫著／安斎育郎協力

〔『原発のある風景』増補新版〕福島原発事故をうけ81年刊の先駆的原発ルポを増補・再編集。放射線防護学の権威・安斎育郎氏の協力のもと我々が踏み出すべき一歩を示す。

一八〇〇円

言振り
高良勉著

〔琉球弧からの詩・文学論〕山之口貘をはじめとする琉球の主要詩人・歌人たちの紹介、批評と評論を中心に、琉球と関係の深い現代詩人や作家を琉球との関係において論評する。

二八〇〇円

金子光晴デュオの旅
鈴村和成・野村喜和夫著

昭和の大詩人、金子光晴の足跡を追った紀行文。マレー、ジャワから中国南部、さらにパリ、フランドルの地をたずね歩き、金子文学の内実を克明に追跡する。写真多数収録。

二六〇〇円

向井豊昭の闘争
岡和田晃著

〔異種混交性（ハイブリディティ）の世界文学〕時代の閉塞に亀裂をもたらす「怒り」の力を取り戻すため、文学史の闇に埋もれた作家の生涯と作品を、いま再び世に問う。

二六〇〇円

〔消費税別〕